幼稚園・幼保連携型認定こども園
教員採用試験問題200選

幼稚園採用試験研究会　編

大阪教育図書

はじめに

　この本を手にされた皆さんは、きっと子どもが真に大好きな方々だろうと思う。また幼い頃から、子どもからも好かれる幼稚園の先生になろうと夢を持ち続けてこられた方々でもあろう。しかし、ただ「子どもが好き」「幼い頃からの夢」だけでは、当然すぐ幼稚園教員になれるというわけではない。まず採用試験（選考試験）を突破しなければならない。それは自明のことであるけれども、最近は、公立幼稚園の統廃合、私立幼稚園の閉園等少子化に伴う厳しい社会背景がある。とはいえ、それだけにまた挑戦のしがいもあるということにもなる。また、平成18年に成立した『就学前の子どもに関する教育、保育等の総合的な提供の推進に関する法律』いわゆる「認定こども園法」によって、保育と教育の統合がはかられ、幼稚園教諭免許と保育士資格（保育教諭の免許）の併有が求められるようになり、更に厳しさが増してまいりました。

　本書は、幼保連携型認定こども園の教員として、「幼稚園教員資格認定試験」の受験を志す人たちのために、採用試験受験ガイドとして編集した問題集である。先に大阪教育図書より刊行された「保育士試験の要点」と同様、毎年出されている幼稚園シリーズの「幼稚園・幼保連携型認定こども園専門教養の要点と問題」（同社刊）の姉妹篇として、また、その補助・補完として編集したものである。最近出題された問題やよく出題される専門教養問題200題を領域別（幼児教育、健康、人間関係、環境、言葉、表現）に厳選し、幼稚園教員資格認定試験を受験される人のために、精選した過去問題を掲載しました。

　いうまでもなく、現下の状況の中で採用試験は、教育の理念、幼児の成長発達についての理解など教育内容に関する専門的知識とそれらを実践していく情熱、実践力、指導力などを見るために実施されるのである。「備えあれば うれいなし」。希望の実現のために、本書が一助になれば幸いである。

幼稚園採用試験研究会　代表　　植原　清

目　次

第一部　専門教養試験問題

◢ 1　幼児教育 ◣

① 次の1～3の文は、「教育基本法6条、9条、10条」に述べられているものである。（ア）～（オ）に当てはまる適切な語句を①～⑨から選びなさい。

1　法律に定める学校は、（ア）を有するものであって、国、地方公共団体及び法律に定める法人のみが、これを設置することができる。

前項の学校においては、教育の目標が達成されるよう、教育を受ける者の心身の発達に応じて、体系的な教育が組織的に行われなければならない。この場合において、教育を受ける者が、学校生活を営む上で必要な（イ）を重んずるとともに、自ら進んで学習に取り組む意欲を高めることを重視して行われなければならない。

2　法律に定める学校の教員は、自己の崇高な（ウ）を深く自覚し、絶えず研究と修養に励み、その職責の遂行に努めなければならない。

前項の教員については、その（ウ）と職責の重要性にかんがみ、その身分は尊重され、待遇の適正が期せられるとともに、（エ）の充実が図られなければならない。

3　父母その他の保護者は、子の教育について第一義的責任を有するものであって、生活のために必要な習慣を身に付けさせるとともに、（オ）を育成し、心身の調和のとれた発達を図るよう努めるものとする。

① 規律　　　　② 権利　　　　③ 使命　　　④ 規範意識　　　⑤ 公の性質
⑥ 養成と研修　⑦ 自己研鑽　　⑧ 精神　　　⑨ 自立心

② 幼稚園教育要領（平成29年3月告示）第1章総則第2の3においては、「幼児期の終わりまでに育ってほしい姿」10項目とその内容が明確に示されている。次のア～オの各文のうち、それぞれ示されている項目とその内容が一致しているものを選びなさい。

ア　自立心
　　身近な環境に主体的に関わり様々な活動を楽しむ中で、しなければならないことを自覚し、自分の力で行うために考えたり、工夫したりしながら、諦めずにやり遂げることで達成感を味わい、自信をもって行動するようになる。

(2)

　イ　社会生活との関わり

　　　友達と様々な体験を重ねる中で、してよいことや悪いことが分かり、自分の行動
　　を振り返ったり、友達の気持ちに共感したりし、相手の立場に立って行動するよう
　　になる。また、きまりを守る必要性が分かり、自分の気持ちを調整し、友達と折り
　　合いを付けながら、きまりをつくったり、守ったりするようになる。

　ウ　豊かな感性と表現

　　　心を動かす出来事などに触れ感性を働かせる中で、様々な素材の特徴や表現の仕
　　方などに気付き、感じたことや考えたことを自分で表現したり、友達同士で表現す
　　る過程を楽しんだりし、表現する喜びを味わい、意欲をもつようになる。

　エ　健康な心と体

　　　幼稚園生活の中で、充実感をもって自分のやりたいことに向かって心と体を十分
　　に働かせ、見通しをもって行動し、自ら健康で安全な生活をつくり出すようになる。

　オ　思考力の芽生え

　　　遊びや生活の中で、数量や図形、標識や文字などに親しむ体験を重ねたり、標識
　　や文字の役割に気付いたりし、自らの必要感に基づきこれらを活用し、興味や関心、
　　感覚をもつようになる。

③　次の各文のうち、「教育振興基本計画」(平成 30 年 6 月 15 日閣議決定) の中の、「今
　後の教育政策に関する基本的な方針」に関する記述の内容として正しいものを○、誤って
　いるものを × とした場合、正しい組合せはどれか。1 〜 5 から一つ選べ。

A　複雑で予測困難な社会であるからこそ、変化を前向きに受け止め、社会や人生、生活を、
　人間ならではの感性を働かせてより豊なものにすることや、複雑化・多様化した現代社
　会の課題に対して、主体的な学びや多様な人々との協働を通じ、その課題解決につなが
　る新たな価値観や行動を生み出すこと等が求められている。

B　技術革新に対応するためには、数理・情報分野に意欲のある子どもに対して、さらに
　高度で専門的な数理・情報教育を推進することにより、情報分野において、最先端の情
　報技術を実践的に活用することができる人材を育成する必要がある。

C　初等中等教育段階においては、児童生徒等が、社会に出なくとも学校だけで、視野を
　広げ、意欲を高め、様々な分野への知的好奇心や専門性を高める機会を設けるなど、学
　校の指導体制を整備していくことが必要である。

D　幼児期の教育は、生涯にわたる学びと資質・能力の向上に大きく寄与するものであり、
　幼稚園・保育所等の全ての子どもが質の高い教育を受け、共通のスタートラインに立つ
　ことができるようにする必要がある。また、公教育の質を向上させるとともに、家庭の
　経済状況等にかかわらず、高等学校にも、専修学校、大学にも進学できる環境を整えな
　ければならない。

E　日本の教師は、教科の指導や生徒指導、部活動などを一体的に行っており、その教育方法は国
　際的にも高く評価されているが、負担も大きいことが指摘されている。教師一人一人が持ってい

る力を高めるとともに、限られた時間で専門性を発揮し、授業をはじめとした学習指導、学級経営、生徒指導等をこれまで以上に創意工夫を生かして効果的に行うことができるようにするためにも、学校現場における業務の役割分担・適正化を図っていくことが必要である。

```
      A  B  C  D  E
  1   ○  ×  ×  ○  ○
  2   ○  ○  ×  ×  ○
  3   ○  ○  ○  ×  ○
  4   ×  ×  ○  ○  ×
  5   ×  ○  ×  ○  ×
```

4　次の各文のうち、〔　　　〕内に示されている法規名と、条文または条文の一部の組合せとして誤っているものはどれか。1～5から一つ選べ。

1　〔教育基本法〕

　　父母その他の保護者は、子どもの教育について第一義的責任を有するものであって、生活のために必要な習慣を身に付けさせるとともに、自立心を育成し、心身の調和のとれた発達を図るよう努めるものとする。

2　〔学校教育法〕

　　校長及び教員は、教育上必要があると認めるときは、文部科学大臣の定めるところにより、児童、生徒及び学生に懲戒を加えることができる。ただし、体罰を加えることはできない。

3　〔児童虐待の防止等に関する法律〕

　　学校、児童福祉施設、病院その他児童の福祉に業務上関係のある団体及び学校の教職員、児童福祉施設の職員、医師、歯科医師、保健師、助産師、看護師、弁護士その他児童の福祉に職務上関係のある者は、児童虐待を発見しやすい立場にあることを自覚し、児童虐待の早期発見に努めなければならない。

4　〔児童福祉法〕

　　全て国民は、児童が良好な環境において生まれ、かつ、社会のあらゆる分野において、児童の年齢及び発達の程度に応じて、その意見が尊重され、その最善の利益が優先して考慮され、心身ともに健やかに育成されるよう努めなければならない。

5　〔学校保健安全法〕

　　学校においては、別に法律で定めるところにより、幼児、児童、生徒及び学生並びに職員の健康の保持増進を図るため、健康診断を行い、その他その保健に必要な措置を講じなければならない。

⑤　次の各文のうち、「生徒指導提要」（平成22年3月　文部科学省）の学級担任・ホームルーム担任の指導に関する記述の内容として誤っているものはどれか。1～5から一つ選べ。

1　学級経営・ホームルーム経営を進めるに当たっては、その前提として、清潔で潤いのある空間としての教室環境を整える工夫も重要なことです。環境が人を作ると言われているように、教室がどのように整備されているかによって、そこで学習し生活する児童生徒の情緒の安定も増していきます。

2　児童生徒は、各教科等や各種の自発的、自治的な活動や学校行事などの教育課程上の学習活動を通して成長し発達していきます。それ以外の各種の活動や生活場面においては、成長や発達は見られません。

3　学級担任・ホームルーム担任は、児童生徒の学習や生活上の様々な不安、また保護者の訴えに向き合うことが大切であり、教育相談の機会を計画的に、また随時持っていくことが必要です。こうした相談を通して、児童生徒理解も一層深まりますし、様々な問題への早期の発見や対応も可能になります。

4　「社会で許されない行為は、子どもでも許されない」といった学校全体の基本的な指導方針の下、学級・ホームルームでも児童生徒の発達の段階を踏まえて生徒指導の方針を明確に示し、児童生徒や保護者に対して「社会の一員」としての責任と義務の大切さを伝えていくことが必要です。

5　校長や副校長、教頭の指導の下、学級担任・ホームルーム担任の教員は、学年の教員や生徒指導主事、さらに養護教諭、栄養教諭、スクールカウンセラーなど他の教職員と連携しながら開かれた学級経営・ホームルーム経営を進めることが必要です。

⑥　次の各文のうち「共生社会の形成に向けたインクルーシブ教育システム構築のための特別支援教育の推進（報告）」（平成24年7月23日　中央教育審議会初等中等教育分科会）の中の、「多様な学びの場の整備と学校間連携等の推進」に関する記述の内容として誤っているものはどれか。1～5から一つ選べ。

1　教育内容の改善としては、障害者理解を進めるための交流及び、共同学習の充実を図っていくことや通常の学級で学ぶ障害のある児童生徒一人一人に応じた指導・評価の在り方について検討する必要がある。

2　教育方法の改善としては、障害のある児童生徒も障害のない児童生徒も、さらには、障害があることが周囲から認識されていないものの学習上又は生活上の困難のある児童生徒にも、効果的な指導の在り方を検討していく必要がある。

3　特別支援教育を推進するため、子どもの現代的な健康課題に対応した学校保健環境づくりが重要であり、学校においては、養護教諭を中心として、学級担任等、学校医、学校歯科医、学校薬剤師、スクールカウンセラーなど学校内における連携を更に進めるとともに、医療関係者や福祉関係者など地域の関係機関との連携を推進することが必要である。

4　交流及び共同学習は、特別支援学校や特別支援学級に在籍する障害のある児童生徒等

にとっても、障害のない児童生徒等にとっても、共生社会の形成に向けて、経験を広め、社会性を養い、豊かな人間性を育てる上で、大きな意義を有するとともに、多様性を尊重する心を育むことができる。

5　特別支援学級と通常の学級との間で行われる交流及び共同学習については、学習指導要領に位置付けられていないが、各学校において、ねらいを明確にし、適宜、実施することが望ましい。

7　次の文は、「学校防災マニュアル（地震・津波災害）作成の手引き」（文部科学省）に述べられているものである。（ア）～（オ）にあてはまる適切な語句を①～⑨から選び、番号で答えよ。

① 学校防災マニュアルは、

1　安全な（ア）を整備し、災害の発生を未然に防ぐための事前の（イ）

2　災害の発生時に（ウ）に対処し、被害を最小限に抑えるための発生時の（イ）

3　危機が一旦収まった後、（エ）や授業再開など通常の生活の再開を図るとともに、再発の防止を図る事後の（イ）の三段階の（イ）に対応して作成する必要があります。

② 地震を感知（実際に揺れを感じた場合や緊急地震速報受信時）したと同時に（オ）のための初期対応を図ることが必要です。

日常の指導や避難訓練等によって児童生徒等自身の判断力・行動力を養っておくことが、（オ）につながります。

① 計画	② 危機管理	③ 安全確保
④ 環境	⑤ 学校防災体制	⑥ 適切かっ迅速
⑦ 慎重	⑧ 心のケア	⑨ ライフラインの復旧

8　次の各文のうち、「児童虐待の防止等のための学校、教育委員会等の的確な対応について」（平成22年3月24日　文部科学省）の内容として正しいものを○、誤っているものを×とした場合、正しい組合せはどれか。1～5から一つ選びなさい。

A　児童虐待の早期発見の観点から、幼児児童生徒の心身の健康に関し健康相談を行うとともに、幼児児童生徒の健康状態の日常的な観察により、その心身の状況を適切に把握すること。

B　児童虐待に係る通告について、児童虐待を受けたと思われる幼児児童生徒を発見した場合は、虐待の事実を確認の上、速やかに、これを市町村、児童相談所等に通告しなければならない。

C　児童虐待に係る通告を行った幼児児童生徒について、通告後に市町村又は児童相談所に対し、定期的な情報提供を行っている場合は、学校等において、新たに把握した児童虐待の兆候や状況の変化等を、定められた期日に、適切に情報提供を行うこと。

(6)

D　健康診断においては、身体測定、内科検診や歯科検診を始めとする各種の検診や検査が行われることから、それらを通して身体的虐待及び保護者としての監護を著しく怠ること（いわゆるネグレクト）を早期に発見しやすい機会であることに留意すること。

```
      A  B  C  D
1    ×  ×  ○  ○
2    ×  ○  ×  ×
3    ○  ×  ×  ○
4    ○  ×  ○  ×
5    ○  ○  ×  ○
```

⑨　次の各文は、「特別支援教育の推進について（通知）」（平成19年4月1日　文部科学省）の中の特別支援教育を行うための体制の整備及び必要な取組、特別支援学校における取組及び教育活動等を行う際の留意事項等に関する記述である。内容として誤っているものはどれか。1〜5から一つ選べ。

1　特別な支援が必要と考えられる幼児児童生徒については、特別支援教育コーディネーター等と検討を行った上で、保護者の理解を得ることができるよう慎重に説明を行い、学校や家庭で必要な支援や配慮について、保護者と連携して検討を進めること。その際、実態によっては、医療的な対応が有効な場合もあるので、保護者と十分に話し合うこと。

2　障害のある幼児児童生徒への支援に当たっては、医師等による障害の診断がなされた上で、その診断結果に合わせた指導や支援を検討し、当該幼児児童生徒が示す困難にとらわれることのないよう、障害種別の判断に重点を置いた対応を心がけること。

3　特別支援学校においては、これまで蓄積してきた専門的な知識や技能を生かし、地域における特別支援教育のセンターとしての機能の充実を図ること。特に、幼稚園、小学校、中学校、高等学校及び中等教育学校の要請に応じて、発達障害を含む障害のある幼児児童生徒のための個別の指導計画の作成や個別の教育支援計画の策定などへの援助を含め、その支援に努めること。

4　障害のある幼児児童生徒と障害のない幼児児童生徒との交流及び共同学習は、障害のある幼児児童生徒の社会性や豊かな人間性を育む上で重要な役割を担っており、また、障害のない幼児児童生徒が、障害のある幼児児童生徒とその教育に対する正しい理解と認識を深めるための機会である。

5　特別支援学校は、在籍している幼児児童生徒のみならず、小・中学校等の通常学級に在籍している発達障害を含む障害のある児童生徒等の相談などを受ける可能性も広がると考えられるため、地域における特別支援教育の中核として、様々な障害についてのより専門的な助言などが期待されていることに留意し、特別支援学校教員の専門性のさらなる向上を図ること。

⑩　次の文は、現行の幼稚園教育要領の総則（平成29年3月31日　文科告62）で述べられている「幼稚園教育の基本」である。(ア)～(オ)にあてはまる適切な語句を①～⑨から選び、番号で答えよ。

(1)　幼児は安定した情緒の下で自己を十分に発揮することにより(ア)を得ていくものであることを考慮して、幼児の主体的な活動を促し、(イ)が展開されるようにすること。

(2)　幼児の自発的な活動としての遊びは、心身の調和のとれた発達の基礎を培う重要な学習であることを考慮して、(ウ)を中心として第2章に示すねらいが総合的に達成されるようにすること。

(3)　幼児の発達は、心身の諸側面が(エ)、多様な経過をたどって成し遂げられていくものであること、また、幼児の生活経験がそれぞれ異なることなどを考慮して、幼児一人一人の特性に応じ、(オ)を行うようにすること。

①　多様な生活経験　　　②　発達に必要な体験　　　③　相互に関連し合い
④　小学校との連続性のある生活　　　⑤　幼児期にふさわしい生活
⑥　遊びを通しての指導　　　⑦　それぞれに成長し
⑧　発達の課題に即した指導　　　⑨　個々の要求に応じた指導

⑪　次の文は、障害者の権利に関する条約第二十四条の条文の一部（外務省訳）である。空欄Ａ、Ｂに当てはまる語句はどれか。1～5からそれぞれ選びなさい

1　締約国は、教育についての障害者の権利を認める。締約国は、この権利を差別なしに、かつ、機会の均等を基礎として実現するため、障害者を　Ａ　するあらゆる段階の教育制度及び生涯学習を確保する。当該教育制度及び生涯学習は、次のことを目的とする。
　(a)　人間の潜在能力並びに尊厳及び自己の価値についての意識を十分に発達させ、並びに人権、基本的自由及び人間の多様性の尊重を強化すること。
　(b)　障害者が、その人格、才能及び創造力並びに精神的及び身体的な能力をその可能な最大限度まで発達させること。
　(c)　障害者が自由な社会に効果的に参加することを可能とすること。

2　締約国は、1の権利の実現に当たり、次のことを確保する。
　(a)　障害者が障害に基づいて一般的な教育制度から排除されないこと及び障害のある児童が障害に基づいて無償のかつ義務的な初等教育から又は中等教育から排除されないこと。
　(b)　障害者が、他の者との平等を基礎として、自己の生活する地域社会において、障害者を　Ａ　し、質が高く、かつ、無償の初等教育を享受することができること及び中等教育を享受することができること。
　(c)　個人に必要とされる　Ｂ　が提供されること。
　(d)　障害者が、その効果的な教育を容易にするために必要な支援を一般的な教育制度の下で受けること。

(8)

(e) 学問的及び社会的な発達を最大にする環境において、完全な　　A　　という目標に合致する効果的で個別化された支援措置がとられること。

1　包容　　　　　　2　尊重　　　　　　3　理解
4　合理的配慮　　　5　自己決定機会

12　次の (1)、(2) の事例についてそれぞれ記述しなさい。

(1)　4歳児32名の担任をしているあなたに、降園後、クラスのA児の保護者から電話がかかりました。「帰り道、A児の腕にひっかき傷があるのに気付いた。理由を聞くと友だちとボールの取り合いになって、その時『Bちゃんにひっかかれた』と言っている。先生はご存知ですか？」という内容の電話でした。

A児の傷について、全く気付かなかったあなたはどんな対応をしますか。3つ記述しなさい。
　①
　②
　③

(2)　あなたは5歳児35名の担任をしています。
　あなたはC児とすべり台で遊んでいました。そのとき、園庭の中央で4歳児のD児が走ってころんだ瞬間をみつけました。D児は大声で泣き出しました。

　あなたはC児とD児にどのように対応しますか。それぞれ記述しなさい。
　C児…
　D児…

13　次の各文は、教育に関係のある人物についての記述である。空欄A～Cに、下のア～カのいずれかの人名を入れてこれらの文を完成させなさい。

・　　　A　　　は、アメリカの教育学者で、デューイ（Dewey, John）の影響を受けて児童中心主義を固めた。また、目的設定、計画、実行、結果の検討という一連の課程がカリキュラムや教材を規定するとして、教育の役割は知識の教え込みにあるのではなく、生徒自らが問題を立て、批判的に検討を加えてその問題の解決に至るよう導くことであると主張した。
・　　　B　　　は、アメリカのマサチューセッツ州ドルトン市のハイスクールにおいて1920年に初めてドルトン・プランと呼ばれる新しい指導法を実施した。同プランの特色は、自由と協同を基調として従来の一斉教授を打ち破り、一人ひとりの子どもの個性や要求

に応じた個別学習の方式を採用した点にある。

・　　C　は、「近代教授学の祖」と呼ばれ、体系的教育論の金字塔といえる『大教授学』や史上初とされる絵入り教科書『世界図絵』の著者として知られる。

ア　キルパトリック（Kilpatrick, William Heard）
イ　フレーベル（Fröbel, Friedrich Wilhelm August）
ウ　パーカースト（Parkhurst, Helen）
エ　ブルーナー（Bruner, Jerome Seymore）
オ　ペスタロッチ（Pestalozzi, Johann Heinrich）
カ　コメニウス（Comenius, Johann Amos）

⑭　次の各文のうち、「教育支援資料～障害のある子どもの就学手続と早期からの一貫した支援の充実～」（平成 25 年 10 月　文部科学省初等中等教育局特別支援教育課）の序論に関する記述の内容として誤っているものはどれか。1 ～ 5 から一つ選べ。

1　学校教育は、障害のある子どもの自立と社会参加を目指した取組を含め、「共生社会」の形成に向けて、重要な役割を果たすことが求められている。そのためにも共生社会の形成に向けたインクルーシブ教育システムの構築のための特別支援教育の推進が必要とされる。

2　障害のある子どもにとって、その障害を早期に発見し、早期からその発達に応じた必要な支援を行うことは、その後の自立や社会参加に大きな効果があると考えられるとともに、障害のある子どもを支える家族に対する支援という観点からも、大きな意義がある。

3　障害のある子ども一人一人のニーズを把握し、適切な指導及び必要な支援を図る特別支援教育の理念を実現させていくためには、早期からの教育相談・支援、就学支援、就学後の適切な教育及び必要な教育的支援全体を一貫した「教育支援」と捉え直し、個別の教育支援計画の作成・活用の推進等を通じて、一人一人のニーズに応じた教育支援の充実を図ることが、今後の特別支援教育の更なる推進に向けた基本的な考え方として重要である。

4　インクルーシブ教育システムをより充実させるために、障害のある子どもと障害のない子どもが、できる限り異なる場で学ぶことを目指すべきであり、その場合にはそれぞれの子どもが、授業内容が分かり、学習活動に参加している実感・達成感をもちながら、充実した時間を過ごしつつ、生きる力を身に付けていけるかどうかが最も本質的な視点である。

5　幾つかの移行期の中でも、就学への移行期における支援の在り方は特に重要である。それには幾つかの理由があり、子どもと保護者の期待と不安が大きいこと、就学への移行期は子どもの成長の節目と対応していること、子どもの教育的ニーズに応じた多様な学びの場を検討する必要があることなどが挙げられる。

⑮　次の (ア) ～ (オ) の人物に最も関係の深い事項を①～⑦から選び、番号で答えなさい。

(ア) ハウ　　(イ) 新美南吉　　(ウ) フレーベル　　(エ) 倉橋惣三　　(オ) フロイト

①　精神分析の創始者として有名なオーストリアの精神医学者。神経症の治療を通し、幼児体験がその後の人間性を形成する要因となることを重視した。

②　万国幼稚園連盟の日本支部長として海外の幼稚園事情の紹介など、わが国保育界の発展に寄与した。

③　日本の幼児教育の理論的な指導者で、児童中心の進歩的な保育を提唱した。「幼稚園雑草」「育ての心」など多数の著書がある。

④　東京女子師範学校付属の監事として、1881 年から 5 年間創設期の幼稚園教育の基礎づくりに尽力した。

⑤　既成の学校教育に反発し、みずから寄宿制の国際学校をドイツで設立した。彼の教育理念は、子どもたちの自由な意志を尊重する立場に立つ。

⑥　児童文学作家。復刊後の『赤い鳥』に童話・童謡をしきりに投稿し、「正坊とクロ」「ごん狐」などが掲載される。

⑦　哲学的な人間教育に根ざした幼稚園教育は、全世界の幼児教育界に普及し大きな影響を与えた。ブランケンブルグに教育所を創設。ここで、彼は幼児のための教育遊具「恩物」を考案製作した。

⑯　飲酒運転は、道路交通法で禁止されている違法な行為であるとともに、重大な交通事故に直結するきわめて悪質危険な犯罪である。また、自分の意思で防ぐことのできる行為であり、とりわけ児童生徒に違法精神を説くべき教育公務員の飲酒運転は、公務員全体の信用を失墜させるばかりでなく、児童生徒を裏切ることにもなり、絶対に許されず、決して行ってはならない。

　　次の各文のうち、A ～ D の各教諭の行為について、不適切なもののみをすべて挙げているものはどれか。1 ～ 5 から一つ選べ。

ア　A 教諭は、勤務終了後、同僚の E 教諭と食事をするために居酒屋に行くことになった。A 教諭は、普段から自転車で通勤をしており、目的の店まで自転車に乗って行き、店の駐輪スペースに自転車を置いた。食事の際に、E 教諭が生ビールを大ジョッキで注文したため、A 教諭も同じものを注文し、飲酒した。その後、1 時間程度で食事が終わり、A 教諭は駐輪していた自転車に乗って、家まで帰った。

イ　B 教諭は、休日に家族と自家用車で旅行に出かけた。ホテルに到着した際に、ロビーに近い第 1 駐車場が混雑していたため、仕方なくホテルから国道を挟んで向かい側の第 2 駐車場に駐車した。B 教諭は、夕食時にワインをグラスで 3 杯飲んだ。夕食後、B 教諭は、第 1 駐車場の駐車スペースが空いていることに気付いたため、自家用車を運転して国道を通り、第 1 駐車場に自家用車を移動させた。

ウ　C教諭は、勤務を終え、自宅に帰り、19時頃から食事と一緒にビール(大びん)3本を飲んだ。その後、21時頃に就寝したが、22時頃に家族から駅に迎えに来てほしいと連絡があった。C教諭は、就寝前に飲酒をしていたが、睡眠もとり、十分に運転できる状態であると自覚があったため、自家用車を運転して駅に向かった。

エ　D教諭は、休日に知人のFさんとレストランで食事をすることになった。D教諭はFさんに自宅まで迎えに来てもらい、Fさんが運転する自動車で一緒にレストランに向かった。食事の際に、Fさんが日本酒を注文しようとしたため、D教諭は強く止めた。しかし、Fさんがどうしても飲酒がしたいと言ったため、D教諭は、Fさんに自動車運転代行業者を利用して帰るということを約束させ、二人で飲酒をした。食事が終わってから、Fさんが約束どおり帰るところを確認して、D教諭はタクシーで帰宅した。

1　ア　　ウ
2　イ　　エ
3　ア　イ　　ウ
4　イ　ウ　　エ
5　ア　イ　ウ　　エ

17　次の⑴〜⑶は、「教育課程企画特別部会における論点整理について(報告)」(平成27年8月26日)に述べられているものである。㋐〜㋔にあてはまる適切な語句を①〜⑨から選び番号で答えよ。

⑴　幼児期は、生涯にわたる人格形成の基礎を培う重要な時期であることを踏まえ、義務教育及びその後の教育の基礎となるものとして、幼児に育成すべき資質・能力を育む観点から、教育目標・内容と指導方法、(ア)を一体として検討する必要がある。

⑵　子どもの(イ)を踏まえ、また、幼児期において、探究心や思考力、表現力等に加えて、感情や行動のコントロール、粘り強さ等のいわゆる(ウ)を育むことがその後の学びと関わる重要な点であると指摘されていることを踏まえ、小学校の各教科等における教育の単純な前倒しにならないよう留意しつつ、幼児期の終わりまでに育ってほしい姿の明確化を図ることや、幼児教育にふさわしい(ア)を検討するなど、幼児教育の特性等に配慮しながらその内容の改善・充実が求められる。

⑶　幼児教育と小学校教育の接続に関しては、全ての教科等において幼児教育との接続を意識した教育課程を編成したり、幼児教育の特色を生かした(エ)を取り入れたりするなど、(オ)の編成等を通じて、幼児教育との接続の充実や関係性の整理を図る必要がある。

①　認知的能力　　　　　②　アプローチカリキュラム　　③　評価の在り方
④　個別的な指導方法　　⑤　総合的な指導方法　　　　　⑥　発達や学びの連続性
⑦　生活や遊びの流れ　　⑧　非認知的能力　　　　　　　⑨　スタートカリキュラム

幼児教育

⑱　わが国の幼稚園の発展について、次の①～⑤までのことがらに最も関係の深い年代を選び、その記号を（　）の中に記入しなさい。

① 学校教育法を公布する（　　）　② 日本最初の幼稚園誕生（　　）
③ 幼稚園令を公布（　　）　　　　④ 幼稚園と保育所の施設の共用化に関する指針（　　）
⑤ 幼稚園保育及び設備規程を制定（　　）

　　㋐ 大正 15 年　　　　㋑ 明治 32 年　　　㋒ 昭和 22 年
　　㋓ 平成 10 年　　　　㋔ 明治 9 年　　　　㋕ 明治 5 年

⑲　次の文は、幼稚園教育指導資料第１集「指導計画の作成と保育の展開」（平成 25 年 7 月改訂　文部科学省）に書かれている事例である。この事例から読み取れる学級の実態として適切に捉えられているものを①～⑨から 5 つ選び、番号で答えよ。

　　3 年保育　5 歳児　1 月

○コマ回しの場面で
・J 児、T 児、U 児が遊戯室でコマ回しをしている。「ヨーイ、ゴー」と、声を掛けて一斉にコマを回し、誰のコマが一番最後まで回っているかを競争している。J 児が投げたコマが回らなかったので、すぐに拾ってひもを巻き直し、再び投げると、T 児が「だめ、途中からやったらずるいぞ」と言う。

・T 児が直方体の箱積み木を一つ床に置き、「この上から落ちたら負け」と言う。三人で一斉に投げてみるが、なかなか積み木の上で回すことができない。難易度が上がったことで面白さが増した様子で、J 児も U 児も繰り返し挑戦している。
・M 児は、コマのひもを巻く途中でひもが緩んでしまう。何度も繰り返しやっていると、J 児が「貸してごらん」と言って M 児のコマのひもを巻いて手渡す。受け取る途中でひもが緩んでしまい、投げてみるがうまく回らない。M 児はまた、ひもを巻く。「始めに力を入れて強くひもを巻くといいんだよね」と教師が声を掛けると、J 男が「最初に強く巻くんだよ。あとはそうっと」と、M 児の手元を見ながら言う。

○ドッジボール場面で
・園庭でドッジボールが始まる。「入れて。K ちゃん、赤？　じゃあ、ぼくも」と H 児が赤のコートに加わると、それにつられて数人が次々と赤に移動し、白チームが 2 人になってしまった。E 児に「だめだよ、G ちゃんは白」と言われても G 児は戻ろうとしない。E 児は「誰か、ドッジボールする人いませんか」と周囲に呼び掛け、「ねえ、白に入ってくれない？」と友達を誘っている。
・ドッジボールをしている途中で、チームを変わったり参加したり抜けたりする幼児がいてチームの人数が変わるので、E 児が紙に書いておくといいと言って、友達の名前とチーム名を紙に書き始めた。一人ずつチームを尋ねながら名前を書いていく。ドッジボールは中断し、みんなで E 児を取り囲み、文字を書く手元を見つめている。（以下略）

①　遊びがより楽しくなるようにアイデアを出しているが、自分たちで遊びを進めようとする姿は見られない。

②　自分なりの目標をもって、関心のあることにじっくりと取り組んでいる。

③　友達の得意なことが分かり、教えてもらったり、同じチームになろうとしたりする。

④　教えてあげたい気持ちがあっても言葉で表現できず、やってあげたり、やってみせたりしている。

⑤　みんなで一緒に遊ぶよりも、それぞれが勝ちたい思いから、個々に遊びをすすめようとしている。

⑥　遊びのルールを理解し、ルールのある面白さが分かってきている。

⑦　ドッジボールでは勝敗を意識して遊ぶようになり、勝ちたい思いが先立ってはいるが、ルールはしっかり守っている。

⑧　ドッジボールでは人数が不均衡になると楽しく遊べないので、「強い」友達と同じチームになりたがる姿は見られない。

⑨　得点を数えたり、チームの人数を数えたり書いたりするなど、遊びの中で、文字や数に触れている。

⑳　次の各文は、子どもの読書活動の推進に関する法律の条文である。空欄A〜Dに、下のア〜クのいずれかの語句を入れてこれらの条文を完成させる場合、正しい組合せはどれか。１〜５から一つ選びなさい。

第二条　子ども（おおむね十八歳以下の者をいう。以下同じ。）の読書活動は、子どもが、　A　を学び、感性を磨き、表現力を高め、　B　を豊かなものにし、人生をより深く生きる力を身に付けていく上で欠くことのできないものであることにかんがみ、すべての子どもがあらゆる機会とあらゆる場所において　C　に読書活動を行うことができるよう、積極的にそのための環境の整備が推進されなければならない。

第六条　父母その他の保護者は、子どもの読書活動の機会の充実及び読書活動の　D　に積極的な役割を果たすものとする。

					A	B	C	D
ア	文化	イ	人間性	1	ア	イ	ウ	エ
ウ	自主的	エ	習慣化	2	オ	イ	キ	エ
オ	言葉	カ	創造力	3	ア	カ	ウ	ク
キ	自由	ク	健全化	4	オ	カ	ウ	エ
				5	ア	カ	キ	ク

21 次の各文について、「『生きる力』をはぐくむ学校での安全教育」（平成22年3月31日文部科学省）に示されている幼児の心身の発達と学校安全上の問題点に関する記述として、正しいものには○を、誤っているものには×を記入しなさい。

① 幼稚園における安全教育では、幼稚園生活を通して安全な生活環境づくりに重点が置かれ、教師や保護者の支援を受けながら、大人に守られて安全な生活を送ることができるようにすることを目指している。

② 幼児には、できるだけ具体的な題材を示して、何がどのように危ないのかを理解できるようにすることが大切である。

③ 事故防止のために危険や恐怖を強調しすぎると、幼児は、身動きができなくなり、行動のすべてが消極的となり、かえって危険判断や危険対処能力が身に付かなくなるおそれがあるので、バランスのとれた配慮が必要となる。

④ 幼児は全般的に行動の抑制が難しく、衝動的な行動が多くみられ、大きな事故につながってしまうことが少なくない。実際の生活場面において、危険行動を抑制する実体験を重ねることが、この時期の発達課題である。

⑤ 幼児の好奇心の発達を大切にしながら、教師や保護者は幼児の行為に十分に気を付け、日常のヒヤリハットなどの情報を共有し、安全管理の観点から環境の中の危険に対して物理的な対策を講じていく必要がある。

22 次のア～オの文の中から、「幼稚園設置基準」に示されている内容として正しいものを一つ選びなさい。

ア 1学級の幼児数は、35人以下にしなければならない。

イ 幼稚園には専任の園長を置かなければならない。

ウ 幼稚園 には事務職員を置かなくてはならない。

エ 園舎は2階建て以下にしなければならない。

オ 保育室の数は、学級数を下回ってはならない。

23 次のA～Dは、「不登校児童生徒への支援に関する最終報告～一人一人の多様な課題に対応した切れ目のない組織的な支援の推進～」（平成28年7月 不登校に関する調査研究協力者会議）の中で述べられている内容である。正しいものに○、誤っているものに×をつけたとき、正しい組合せを下の1～5から1つ選び、番号で答えよ。

A. 不登校児童生徒への支援の目標は、児童生徒がまず「学校に登校できるようになる」「学校に登校しようと思えるようになる」ことを最優先に考える必要があり、そのために必要とされる精神的な自立という点に重点を置き、支援することである。

B. 関係機関と連携した支援においては、不登校児童生徒への支援を担う中心的な組織と

して新たなネットワークを構築することも一つの手段であるが、不登校児童生徒を積極的に受け入れる学校や関係機関等からなる既存の生徒指導・健全育成等の会議等の組織を生かすなどして、効果的かつ効率的に連携が図られるよう配慮することが重要である。

C．学校は、定期的に家庭訪問を実施して、児童生徒の理解に努める必要がある。また、その際には、児童生徒や保護者の心情に対して安易に共感する姿勢を示すことのないよう注意し、状況の改善に向けて適切に指導することが重要である。

D．不登校児童生徒への支援においては、一旦欠席状態が長期化すると、学習の遅れや生活リズムの乱れなども生じて、その回復が困難である傾向が示されていることから、早期の支援が必要である。そのため、予兆への対応を含めた初期段階から、段階ごとの対応を整理し、組織的・計画的な支援につながるようにする必要がある。

	A	B	C	D
1.	○	○	○	○
2.	○	×	×	×
3.	×	○	×	○
4.	×	×	○	○
5.	○	○	×	×

㉔　次のア〜オの各文のうち、幼稚園教育要領（平成 29 年 3 月告示）第 3 章教育課程に係る教育時間の終了後等に行う教育活動などの留意事項」の記述として正しいものを選びなさい。

ア　教育課程に基づく活動を考慮し、必ず活動を連続させるようにすること。その際、教育課程に基づく活動を担当する教師と緊密な連携を図るようにすること。

イ　家庭や地域での幼児の生活も考慮し、教育課程に係る教育時間の終了後等に行う教育活動の計画を作成するようにすること。その際、地域の人々と連携するなど、地域の様々な資源を活用しつつ、多様な体験ができるようにすること。

ウ　家庭との緊密な連携を図るようにすること。その際、情報交換の機会を設けたりするなど、保護者が、幼稚園と共に幼児を育てるという意識が高まるようにすること。

エ　地域の実態や保護者の事情とともに幼児の生活のリズムを踏まえつつ、例えば実施日数や時間などについて、弾力的な運用に配慮すること。

オ　教育活動であることから、適切な指導体制を整備した上で、幼稚園の教師の責任と指導の下に行うようにすること。

㉕　次の各文のうち、「学校における交流及び共同学習の推進について〜「心のバリアフリー」の実現に向けて」（平成 30 年 2 月 2 日　心のバリアフリー学習推進会議）の中の、交流及び共同学習の推進に関する記述の内容として正しいものを○、誤っているものを × とした場合、正しい組合せはどれか。1 〜 5 から一つ選べ。

A 　交流及び共同学習を、いわゆる通常の授業ではなく、スポーツや文化芸術活動を通じたイベントのような形で行うことは、これまで交流及び共同学習に積極的に関わっていなかった児童生徒等や保護者などに対して、交流及び共同学習への関心を高める効果があると考えられる。

B 　居住地校交流は、特別支援学校に在籍する児童生徒等やその保護者の意向も踏まえて行われるものであり、また、実施に当たっては保護者の協力も必要になる場合もある。実施に当たっては、児童生徒等や保護者、児童生徒等が在籍する特別支援学校と児童生徒等が居住する地域の小・中学校等などの関係者が、居住地校交流の意義・目的、実施の方法や役割分担等について十分に理解していることが必要である。

C 　障害について形式的に理解させる程度にとどまっていたり、障害のある児童生徒等と障害のない児童生徒等が単に一緒に過ごしたりする程度にとどめることなく、児童生徒等が主体的に取り組む活動に発展させ、児童生徒等がお互いの正しい理解と認識を深め、その後の日常の生活における行動の変容を促すものにする必要がある。

D 　「心のバリアフリー」を実現するためには、心身が未発達である幼児期に細心の注意を払うことが重要である。このため、幼稚園や保育所等の段階では障害のある幼児と障害のない児童生徒等が交流や協動する機会を設けることは避けることが必要と考える。

E 　交流及び共同学習については、中学校・高等学校、特別支援学校の中学部・高等部と学校段階が進むにつれて、興味・関心の多様化に加え、心身の成長に伴う意識の変化が見られることなどにより、意欲的に取り組む生徒が増加する状況が見られるので、個々の生徒の主体性に委ねるべきと考える。

	A	B	C	D	E
1	○	○	○	×	×
2	×	×	○	○	○
3	○	○	×	×	×
4	×	×	×	○	○
5	×	○	×	×	×

㉖ 　「幼稚園教育指導資料第3集　幼児理解と評価」（平成22年7月改訂）には、「指導に関する記録」に焦点をあてた指導要録の役割について、大きく3点にまとめて示されている。その内容について、述べなさい。

①

②

③

㉗ 　次の文は、内閣府・文部科学省・厚生労働省『幼保連携型認定こども園教育・保育要領解説』（平成27年2月）「第1章　総則　第2節　教育及び保育の内容に関する全体的

な計画の作成」の一文である。文中の（①）・（②）に当てはまる語句の組合せとして最も適切なものを、下のア～エの中から一つ選んで記号で答えなさい。

　教育及び保育の内容に関する全体的な計画の作成に当たっては、認定こども園法、教育基本法、児童福祉法、学校教育法及び（①）等の法律の他、これらに関係する政令や省令、そして、教育・保育要領により、種々の定めがなされており、これらに従って作成しなければならない。その際、各幼保連携型認定こども園では、（②）の責任の下、全職員が協力し作成に当たる必要がある。

	（　①　）	（　②　）
ア	学校保健安全法	園長
イ	学校図書館法	主幹保育教諭
ウ	学校保健安全法	主幹保育教諭
エ	学校図書館法	園長

㉘　次の事例を読み、下記の問いに答えなさい。

【事例】

　　5歳児A児、B児、C児は、砂場で遊んでいた。C児が赤いスコップを使っていると、A児が「かして」と声をかけてきた。しかし、C児は「今使っているから、またあとでね」と言ったので、A児は「じゃあ、次にかしてね。」とC児に伝えると、C児は「うん」と答えた。A児は仕方なく、砂場をはなれてジャングルジムで遊んで待つことにした。
　　しばらくすると、C児は、虫かごを持って虫捕りに向かう友だちを見つけ、「ぼくも行く」と赤いスコップをその場に置き、友だちのあとを追いかけて行った。すると同じ砂場で遊んでいたB児が、C児の使っていた赤いスコップを拾い、そのスコップで遊び始めた。そこへ様子を見にA児が戻ってきた。A児は、B児が赤いスコップで遊んでいるのを見つけ、「返せ。次はぼくの番なんだぞ」と怒り出した。B児は「ぼくが先に見つけたんだよ」と主張するが、A児は「ぼくのほうが先だよ。だって、次はぼくに貸してねって、Cちゃんと約束してたんだから」と譲らないでいた。困ったB児は「じゃあ、じゃんけんで決めようよ」とA児に提案するが、どうしても納得のいかないA児は、B児の提案を聞き入れず、B児から力づくで赤いスコップを奪い取った。A児に赤いスコップを奪われたB児は、泣きながら担当の先生に訴えてきた。

【問い】

　　あなたは教師として、子ども達の道徳性の芽ばえを培うために、まず、それぞれの子ども達の気持ちを丁寧に聞き取り、状況を確認したあと、A児、B児に対して、何を認め、どのような指導、援助を行うか。また、C児に対しては、どのような指導・援助を行うか。簡潔に述べよ。

㉙　「幼保連携型認定こども園教育・保育要領」（平成 29 年内閣府、文部科学省、厚生労働省）省告示第 1 号）「第 1 章　総則　第 1　幼保連携型認定こども園における教育及び保育の基本及び目標」に示された記述として適切でないものを、次のア～エの中から一つ選んで記号で答えなさい。

ア　保育教諭等は、園児との信頼関係を十分に築き、園児が自ら安心して環境にかかわりその活動が豊かに展開されるよう環境を整え、園児の希望に沿った教育及び保育の環境を提示するように努めるものとする。

イ　保育教諭等は、園児の主体的な活動が確保されるよう園児一人一人の行動の理解と予想に基づき、計画的に環境を構成しなければならない。

ウ　保育教諭等は、園児と人やものとのかかわりが重要であることを踏まえ、物的・空間的環境を構成しなければならない。

エ　保育教諭等は、園児一人一人の活動の場面に応じて、様々な役割を果たし、その活動を豊かにしなければならない。

㉚　次の事例を読み、下記の問いに答えなさい。

【事例】

　　今日は、5 歳児のクラスにおいて、午後から誕生会が予定されている。子どもたちは遊具の片付けをしてお弁当の準備をしていた。しかし、A 児は一人で遊び続け、教師が何度も声をかけて片付けを促したが、片付けようとしなかった。

　　クラスのほとんどの子どもたちが準備を終えた頃、A 児はあわてて手洗いを始めた。そこへ、B 児が「みんなが待ってるから早くしよう」と近づいた。A 児がひねった蛇口から勢いよく出た水が B 児に少しかかった。B 児は大きな声で怒りだした。A 児は「ごめんなさい」と謝ったが B 児はいつまでも許さなかった。まわりの子どもたちは心配そうに見ていた。時間は刻々と過ぎ誕生会の開始時刻にせまっている。

【問い】

　　この状況から、時間を守ることの他に、あなたは A 児及び B 児に、どのようなことに気づかせる指導をするか。その指導における留意点を簡潔に述べよ。

㉛　次の (1) ～ (5) は、幼稚園教育要領に述べられている 5 領域の内容の一部である。どの領域に属するか①～⑤から選び、番号で答えよ。同じ選択肢を複数回使用してもよい。

(1)　自分でできることは自分でする。

(2)　いろいろな素材に親しみ、工夫して遊ぶ。

(3)　親しみをもって日常のあいさつをする。

(4)　いろいろな遊びを楽しみながら物事をやり遂げようとする気持ちをもつ。

(5)　日常生活の中で簡単な標識や文字などに関心をもつ。

　　①　健康　　　②　人間関係　　　③　環境　　　④　言葉　　　⑤　表現

32　次のア〜オの各文のうち、学校・幼稚園に関する法規等についての記述として正しいものを○、誤っているものを × とした場合、正しい組合せはどれか。1 〜 5 から一つ選べ。

ア　幼稚園には、学級数に応じ、教育上、保健衛生上及び安全上必要な種類及び数の園具を備えなければならない。

イ　国及び地方公共団体が設置する学校は、特定の宗教のための宗教教育その他宗教的活動をしてはならない。

ウ　幼稚園の教育課程その他の保育内容に関する事項は、第二十二条及び第二十三条の規定に従い、文部科学大臣が定める。

エ　一学級の幼児数は、四十人以下を原則とする。

オ　国及び地方公共団体は、障害のある者が、その障害の状態に応じ、十分な教育を受けられるよう、教育上必要な支援を講じなければならない。

	ア	イ	ウ	エ	オ
1	○	×	×	○	×
2	○	○	○	×	○
3	○	○	○	×	×
4	×	×	×	○	○
5	×	○	○	×	○

33　次のア〜オの各文は、幼稚園教育要領解説 (平成 30 年 2 月) 第 1 章第 4 節　指導計画の作成と幼児理解に基づいた評価に関する記述の一部である。正しいものを○、誤っているもの × とした場合、正しい組合せはどれか。1 〜 5 から一つ選べ。

ア　幼稚園生活を通して個々の幼児が学校教育法における幼稚園教育の目標を達成していくためには、まず、教師が、あらかじめ幼児の発達に必要な経験を見通し、各時期の発達の特性を踏まえつつ、教育課程に沿った指導計画を立てて継続的な指導を行うことが必要である。

イ　指導計画は一人一人の幼児が幼児期にふさわしい生活を展開して必要な経験を得ていくように、教師はあらかじめ考えた仮説を実現することに留意して指導を行うことが大切である。

ウ　幼児理解に基づき、遊びや生活の中で幼児の姿がどのよう変容しているかを捉えなが

ら、そのような姿が生み出されてきた様々な状況について適切かどうかを検討して、幼児の育ちをよりよいものに改善するための手掛かりを求めることが評価である。

エ　評価の妥当性や信頼性が高められるよう、例えば幼児一人一人のよさや可能性などを把握するために、日々の記録やエピソード、写真などの幼児の評価の参考となる情報を生かしながら評価を行ったり、他の幼児と比較したりして、より多面的に幼児を捉える工夫をするとともに、評価に関する園内研修を通じて、幼稚園全体で組織的かつ計画的に取り組むことが大切である。

オ　幼稚園の園長は幼児の指導要録の抄本又は写しを作成し、これを小学校等の校長に送付しなければならないこととなっている。

	ア	イ	ウ	エ	オ
1	○	×	○	×	○
2	○	×	×	×	○
3	○	×	×	○	×
4	×	○	○	○	○
5	×	○	×	○	×

34　文部科学省『幼稚園教育要領解説』（平成20年10月）「第3章　指導計画及び教育課程に係る教育時間終了後等に行う教育活動などの留意事項第1指導計画の作成に当たっての留意事項　第3節　特に留意する事項　5　小学校との連携」に示された記述として適切でないものを、次のア〜エの中から一つ選んで記号で答えなさい。

ア　子どもは小学校入学と同時に突然違った存在になるのではなく、子どもの発達と学びは連続していることから、なるべく早いうちから小学校の教育内容とその評価を幼稚園に取り入れることが大切である。

イ　幼児と児童にとって意義のある交流活動とするには、相互のねらいや方法などを踏まえ、継続的・計画的に取り組むことが大切である。

ウ　子どもの発達と学びの連続性を確保するためには、幼稚園、小学校の教師が共に幼児期から児童期への発達の流れを理解することが大切である。

エ　幼稚園教育と小学校教育はその指導方法の違いのみでなく、共通点について理解することも大切である。

▼ 幼児教育　解答&解説 ▶

① (ア) 5　　(イ) 1　　(ウ) 3　　(エ) 6　　(オ) 9

② ウ　エ

〈解説〉幼稚園教育要領は十分目を通しておくこと。

③ 1

〈解説〉学習指導要領・教育要領等で学校教育の範囲は示されている。

④ 5

〈解説〉健康診断に関する条文は、学校教育法第 12 条で定められている。

⑤ 2

〈解説〉児童生徒の成長発達は、生活すべての場面でみられるものです。

⑥ 5

〈解説〉学習指導要領にもとずき、交流及び共同学習の機会等を設けることとされている。

⑦ ア 4　　イ 2　　ウ 6　　エ 8　　オ 3

〈解説〉学校防災マニュアルは、1. 安全な環境を整備し、災害の発生を未然に防ぐための事前の危機管理　2. 災害の発生時に適切かつ迅速に対処し、被害を最小限に抑えるための発生時の危機管理　3. 危機が一旦収まった後、心のケアや授業再開など通常の生活の再開を図るとともに、再発の防止を図る事後の危機管理の三段階の危機管理に対応して作成する必要があります。

⑧ 3

〈解説〉「児童虐待の防止に関する法律」第 6 条では児童虐待を受けたと思われる児童を発見した者は、速やかに……とあります。児童虐待の防止には、発見と同時に適切な処置が講じられることが大切であり、C のように「定められた期日」では適切な対応はできません。

⑨ 2

〈解説〉障がいの種別に重点を置くのではなく、その個人の障がい特性に応じた支援が必要である

⑩ ア ②　　イ ⑤　　ウ ⑥　　エ ③　　オ ⑧

〈解説〉幼稚園教育要領及び、それに伴う解説書は必ず見ておくようにする。

⑪ A 1　　B 4

〈解説〉「障害者の権利に関する条約」は 2006（平 18）年 12 月 13 日の第 61 回国連総会において採択され、日本では 2014（平 26）年 1 月 20 日に批准された条約です。

⑫ (1) ①　帰宅途中の出来事で、この時点では事件を把握していないのであれば、素直に謝る。担任として十分把握できていないことを認める。

　　　②　園長はじめ全教職員に事実を把握し、共通理解を持つ。

　　　③　クラスの子どもたちに十分話をして、他人を傷つけることはいけないことを理解させる。

　(2) C 児に対して安全な場所に移し、離れることを C 児に納得させて離れる。

　　　D 児の状況を把握し、けがの有無を確認し、緊急措置をおこなう。

⑬ A ア　　　B ウ　　　C カ

〈解説〉

○フレーベル…世界で初の幼稚園の創設者、「人間の教育」を著し、恩物の指導者養成として「幼児教育指導者講習科」を設立、キンダーガーデンを設立。

○ブルーナー…子どもの教育的条件を積極的に人為的に変え、有効適切に働きかけることによって、子どもは知的好奇心を発揮するものであるとして「発見学習」を可能とし、子ども教育環境、条件の整備、早期教育の提唱。

○ペスタロッチ…愛を基盤とした幼児の「調和的発達」を主張し、母親と子どもとの関係を重視し、人間愛や思いやりの心は母親との関係の中から生まれるものとした。幼児教育は母親の役割を提唱した。

⑭ 4

〈解説〉学校教育は障がいを受けている子ども、障がいを受けてない子どもが共に学び、共に生活する考えをインクルーシブ教育と呼んでいる。「共生社会」を形成するためには重要なことであるが、障がいを受けている子どもには、自然と特別な配慮が必要となってくる。そうした教育的特別な配慮を特別支援教育と呼んでいる。

⑮ ア ②　　　イ ⑥　　　ウ ⑦　　　エ ③　　　オ ①

⑯ 3

〈解説〉自転車での飲酒運転は道路交通法 65 条 1 で運転してはいけないと明記されています。又罰則 5 年以下の懲役も明記されています。飲んだお酒の量にもよりますが、飲み終えてから大体 8 時間はあけないと運転は危険です。

⑰ ア 3　　　イ 6　　　ウ 8　　　エ 5　　　オ 9

⑱ ① ウ　　　② オ　　　③ ア　　　④ エ　　　⑤ イ

⑲ ② ③ ④ ⑥ ⑨

⑳ 4

〈解説〉「子どもの読書活動の推進に関する法律」は 2001（平 13）年に成立し〈子ども読書の日〉として第 10 条、国民の間に広く子どもの読書活動についての関心と理解を深めるとともに、子どもが積極的に読書活動を行う意欲を高めるための読書の日を設ける。」として 4 月 23 日とし、国及び地方公共団体は読書の日にふさわしい事業を実施するよう努めなければならないとされています。

㉑ ① ×　　　② ○　　　③ ○　　　④ ○　　　⑤ ○

〈解説〉総則において「幼稚園生活が幼児にとって安全なものとなるよう、教職員による協力体制のもと、幼児の主体的な活動を大切にしつつ、園庭や園舎などの環境の配慮や指導の工夫をおこなうこと」としている。このように、幼稚園における安全教育では、幼稚園生活全体を通して安全な生活習慣や態度の育成に重点が置かれ、教師や保護者の支援を受けながら、自らが安全な生活を送ることができるようにすることを目指している。

㉒ オ

〈解説〉ア 3 条 35 人以下を原則とする。　イ 5 条 3　　ウ 6 条養護教諭及び事務職員を置くように努める。　エ 8 条園舎は二階建て以下を原則とする。

㉓　3
〈解説〉
　A　児童生徒の将来的にも精神的にも経済的にも自立し豊かな人生を送れるよう、その社会的自立に向けて支援することである。そのような意味において自らの進路を主体的にとらえて、社会的に自立することを目指すことが必要である。
　C　定期的に訪問するだけでなく、常に本人、保護者と接触し、児童生徒や保護者の心情を受入れ、寄り添う姿勢を大切にし、適切に働きかけるように組織的・計画的に行うことが重要である。

㉔　イ　ウ　エ
〈解説〉　幼稚園教育要領第3章「地域の実態や保護者の要請により教育課程に係る教育時間の終了後等に希望する者を対象に行う教育活動については、幼児の心身の負担に配慮するものとする。また、次の点にも留意するものとする。」と留意事項が5項目挙げられている。そのうちの3項目イ、ウ、エである。

㉕　1
〈解説〉障害の有無にかかわらず、乳幼児期から共に育つ環境が大切である。保育所,幼稚園、小学校といった場に支援学校或は障害をもつ子どもたちの施設、訓練の場との交流は大切な教育の場である。個々の児童・生徒の主体性にまかせるのではなく、園として学校として取り組む必要がある。

㉖　①　次年度のその幼児に対するよりよい指導を生み出すための資料
　　②　幼児期にふさわしい教育を生み出すための評価の視点として
　　③　小学校生活の資料として

㉗　ア
〈解説〉幼保連携型認定こども園は、対象が、乳幼児であるため保健・衛生面は大切な領域である。

㉘

A児	認める点	最初にC児に「かして」と声を掛け、順番を守ろうとした行為を認める。
	指導援助	B児に対して、力づくで解決しようとすることが間違っていることを理解させ、B児の思いを受け止め、どうしたらよかったかを考えさせるように援助する。
B児	認める点	力づくでうばわれた思いを教師がまず受け止めるとともに、「じゃんけんで決めよう」と提案できた行為を認める。
	指導援助	A児がここまで怒っていたその思いに気づかせ、「じゃんけんで」というB児の提案がA児にとっては、納得のいかないものであったことを、A児の気持ちになって考えられるように援助する。
C児	指導援助	自分がA児との約束を忘れてしまったことが、A児、B児のトラブルへとつながったことを振り返らせA児B児の思いを受けとめ、どうしたらよかったかを考えさせるように援助する。

㉙　ア
〈解説〉幼保連携型認定こども園保育・教育要領の「教育及び保育の基本」からの出題。

㉚　A児　自分勝手な行動が周りに迷惑をかけていることや、集団の生活をする中では一人一人が自覚をもって行動することの大切さに気づかせる。
　　　　B児　親切に友達を誘いに行ったやさしさは認めながら、わざとではない行為（少しの水がかかったこと）は我慢する気持ちも集団生活の中では必要であることに気づかせる。

㉛　(1)②　　(2)⑤　　(3)④　　(4)②　　(5)③
〈解説〉幼稚園教育要領の内容の一部です。各領域について理解しておくこと。

③② 5

〈解説〉「幼稚園設置基準」第7条2項「幼稚園の施設及び設備は、指導上、保健衛生上、安全及び、管理上適切なものでなければならない。」とされている。

　エ、「幼稚園設置基準」第3条で「一学級の児童数は35人以下を原則とする」となっている。

③③ 2

③④ ア

〈解説〉小学校教育との接続、連携については、幼稚園教育要領においても「小学校教育との接続にあたっての留意事項」として示されている。

◤　2　健　康　◢

□1　次のア〜オの各文のうち、「幼児期運動指針」(幼児期運動指針策定委員会　平成 24 年
3 月)「4　幼児期の運動の在り方」に関する記述として正しいものをア〜オから選べ。

　ア　3 歳から 4 歳ごろになると、自分の体の動きをコントロールしながら、身体感覚を高
　　め、より巧みな動きを獲得することができるようになっていく。
　イ　4 歳から 5 歳ごろになると友達と一緒に運動することに楽しさを見いだし、また環境
　　との関わり方や遊び方を工夫しながら、多くの動きを経験するようになる。
　ウ　幼児期の初期では、動きに「力み」や「ぎこちなさ」が見られるが、年齢とともに、
　　自然と無駄な動きや過剰な動きが減少して動きが滑らかになり、目的に合った合理的な
　　動きができるようになる。
　エ　「動きの多様化」とは、年齢とともに基本的な動きの運動の仕方がうまくなっていく
　　ことである。
　オ　幼児期において獲得しておきたい基本的な動きには、歩く、走る、登る、下りるなど
　　の「体のバランスをとる動き」が挙げられる。

□2　次の各文のうち、「学校防災のための参考資料『生きる力』を育む防災教育の展開」(平成
25 年 3 月　文部科学省)の中の、学校における防災教育に関する記述の内容として正しい
ものを○、誤っているものを × とした場合、正しい組合せはどれか。1 〜 5 から一つ選べ。

　A　防災教育は、地震など共通に指導すべき内容と学校園が所在する地域の自然や社会の
　　特性、実情等に応じて必要な指導内容等について検討し、家庭、地域社会との密接な連
　　携を図りながら進める必要がある。
　B　防災教育の授業を実施するに当たっては、児童生徒等が興味関心をもって積極的に学
　　習に取り組めるよう、国や自治体、防災関係機関等で作成した指導資料や副読本、視聴
　　覚教材等を活用する。その際、コンピュータや情報ネットワークを活用するなど指導方
　　法の多様化にも努める。
　C　防災教育に関する指導計画は、系統的・計画的な指導を行うための指導計画であるが、
　　年度途中で新しく生起したり、緊急を要する問題の出現も考えられ、必要に応じて弾力
　　性をもたせることが必要である。その際には、「朝の会」や「帰りの会」などにおける
　　指導を活用することも考えられる。
　D　学校園が防災教育の評価を行う際は、児童生徒
　　等による自己評価の代わりに、教職員による自己
　　評価と併せて保護者や地域住民等による外部評価
　　を行い、「災害に適切に対応する能力が身に付いた
　　か」等に関しての評価を実施する必要がある。

	A	B	C	D
1	○	×	○	×
2	×	○	×	○
3	×	×	○	○
4	○	○	○	×
5	○	×	×	×

③ 次のア〜エについて幼稚園教育要領解説（平成30年2月）領域「健康」の内容についての記述としたものです。誤っているものをア〜エから選べ。

ア 幼稚園生活の中で、危険な遊び方や場所、遊具などについてその場で具体的に知らせたり、気付かせたりし、状況に応じて安全な行動がとれるようにすることが重要である。

イ 自分たちでつくったり、地域の人々が育ててくれたりした身近な食べ物の名前や味、色、形などに親しみながら食べ物への興味や関心をもつようにすることが、日常の食事を大切にしたりする態度を育むことにつながる。

ウ 安全な交通の習慣や災害、あるいは不審者との遭遇などの際の行動の仕方などについては、幼稚園全体の教職員の協力体制や家庭との連携の下、幼児の発達の特性を十分に理解し、日常的な指導を積み重ねていくことが重要である。

エ 心と体の発達を調和的に促すためには、特定の活動に偏ることなく、様々な活動に親しみ、それらを楽しむことで心や体を十分に動かすことが必要である。そのためには、幼児の発想や興味を大切にして自分から様々な活動に楽しんで取り組むようにすることが大切である。

④ 次の問に答えなさい。

　5歳児2クラス（54名）の幼稚園で、あなたは5歳児の担任です。
　園舎は2階建てで、5歳児保育室は2階にあります。
　7月に火災の避難訓練をします。
　想定では、火災発生場所は1階の管理員室です。訓練開始時刻は午前10時で、その時刻は保育室でクラス全員が楽器遊びをしています。

(ア) 避難訓練の事前指導や準備について2点記述しなさい。

(ア)	①	
	②	

(イ) 避難訓練時に予想される幼児の姿と、そのことに対しての教師の援助を3点記述しなさい。

(イ)	①	幼児の姿	
		教師の援助	
	②	幼児の姿	
		教師の援助	
	③	幼児の姿	
		教師の援助	

健　康

⑤　次の文は、幼稚園教育要領（平成29年3月31日文科告62）の領域「健康」の内容の取扱いに示された一部である。空欄①〜⑤に入れる語として正しいものを一つ選びなさい。

　　健康な心と体を育てるためには食育に通じた望ましい（　①　）の形成が大切であることを踏まえ、幼児の食生活の実情に配慮し、和やかな（　②　）の中で教師や他の幼児と食べる喜びや（　③　）を味わったり、様々な食べ物への（　④　）や関心をもったりするなどし、食の大切さに気付き（　⑤　）食べようとする気持ちが育つようにすること。

　　ア　①　興味　　②　楽しさ　③　食習慣　④　進んで　⑤　雰囲気
　　イ　①　雰囲気　②　食習慣　③　楽しさ　④　興味　　⑤　進んで
　　ウ　①　食習慣　②　雰囲気　③　楽しさ　④　興味　　⑤　進んで
　　エ　①　食習慣　②　楽しさ　③　雰囲気　④　進んで　⑤　興味
　　オ　①　楽しさ　②　進んで　③　興味　　④　雰囲気　⑤　食習慣

⑥　次の文章は、幼児期の発達について述べたものである。空欄①〜⑩にあてはまる語句を下記より選びなさい。

　　人は生まれながらにして、自然に成長していく力と同時に、周囲の環境に対して自分から働きかけようとする力を持っている。
　　自然な（　①　）の成長に伴い、人がこのように能動性を発揮して環境とかかわりあう中で（　②　）に必要な能力や態度などを獲得していく過程を発達と考えることができよう。
　　能力や態度などの獲得については、これまではどちらかと言うと大人に教えられて幼児が覚えていくという側面が強調されてきたが、最近では、幼児自身が自発的に（　③　）を中心とした生活の中で（　④　）されるといわれている。
　　そのために（　⑤　）や（　⑥　）を持つことが重要となる。
　　幼児の発達を促すためには幼児自身の能動性が発揮できるための（　⑦　）、（　⑧　）、（　⑨　）があると共に周囲の大人との（　⑩　）にささえられて心の安定が必要となる。

　　ア　信頼関係　　イ　獲得　　ウ　安定　　エ　好奇心　　オ　幼児　　カ　生活
　　キ　遊び　　　　ク　必要感　ケ　対象　　コ　時間　　　サ　場　　　シ　自己
　　ス　仲間

⑦　次の文は幼稚園教育要領（平29　文告62）の領域「健康」の内容の取扱いの一部です。（　）に入れる語を下群から選びなさい。

　　様々な（ア）で、幼児が興味や関心、能力に応じて全身を使って活動することにより、体を動かす（イ）、自分の体を大切にしようとする気持ちが育つようにすること。その際、

多様な動きを経験する中で（　ウ　）を調整するようにすること。

　自然の中で伸び伸びと体を動かして遊ぶことにより、体の諸機能の発達が促されることに留意し、幼児の（　エ　）が戸外にも向くようにすること。その際、幼児の動線に配慮した園庭や（　オ　）などを工夫すること。

1　幼児とのかかわり	2　遊具の配置	3　喜びを知り	4　充実感
5　体の動き	6　幼児の自立心	7　興味や関心	8　遊びの中
9　楽しさを味わい			

⑧　次は、幼稚園で行う安全指導について重要なポイントを述べたものである。文中の空欄に入る適切なことばを、下の語群より選び記号で答えなさい。

○園内の事故を防ぐために

① 園内の（　ⓐ　）や用具の正しい（　ⓑ　）を指導する。
② 園内でもふざけたり（　ⓒ　）をして歩かないよう指導する。
③ 雨降りの日の（　ⓓ　）を指導する。

○交通事故を防ぐために

① 交通のきまり、（　ⓔ　）、信号の見方等を日頃から指導しておく。
② 通園バスの（　ⓕ　）の指導をする。
③ 雨の日の傘やカッパの使い方や注意の仕方を指導する。

○地震・火災にそなえて

① 日常から（　ⓖ　）を積み重ねておく。
② 避難場所の（　ⓗ　）をしておく。
③ 子どもの家庭にも避難場所や（　ⓘ　）の仕方を知らせておく。

(イ)　遊び方	(ロ)　よそ見	(ハ)　確認	(ニ)　緊急連絡	(ホ)　設備
(ヘ)　使い方	(ト)　乗り降り	(チ)　避難訓練	(リ)　道路の歩き方	

⑨　次の文の(ア)〜(オ)にあてはまる適切な語句を①〜⑨から選び、番号で答えよ。

(1) 成長過程にある子どもたちにとっては、睡眠は心身を休息させると同時に、からだをつくり、（ ア ）役割がある。
　　睡眠は、昼間学習したり経験したりしたことの記憶の整理と定着に重要な役割を果たしている。特に幼児期にはメラトニンというホルモンが大量に分泌されるが、メラトニンは光刺激に敏感である。夜暗くなってくると分泌され、分泌されると(イ)眠気が高まる。

(2)　幼児期の子どもは、体重 1kg あたりのエネルギー、(ウ)、ミネラルが成人に比べて 2～3 倍多く必要である。それは、幼児が日々の活動で消費するエネルギーや栄養素だけでなく、身体が発育発達するためにも多くの栄養を必要とするからである。

　　幼児期の子どもは、3 回の食事と間食 (おやつ) の計 4 食で 1 日の栄養量を摂取する。朝食は『ご飯、パンなどの主食＋卵や野菜などのおかず』を基本形にして、まずは (エ) をつける。

(3)　思いきりからだを動かして遊ぶことは、おなかがすいておいしく食事ができ、疲れてぐっすり眠るという規則正しい (オ) を形成することにもつながる。

①　ビタミン　　　　②　生活リズム　　　③　食べる習慣　　　④　脳を発達させる
⑤　体温が上がり　　⑥　体温が下がり　　⑦　自律神経　　　　⑧　たんぱく質
⑨　エネルギーが補給される

⑩　次の (A)・(B) の設問に答えなさい。

(A)　次の場合、あなたにできる応急処置を記せ。
　(1)　すべって顔に擦過傷（かすり傷）を受けた場合。
　(2)　ストーブに手がふれて、火傷（やけど）をした場合。
　(3)　すべり台から落ちて、脳しんとうをおこした場合。

(B)　園庭のすべり台で遊んでいた幼児が、ふとしたはずみに、すべり台から落ちた。大声で泣いて足が痛いといって歩かない。こんな場面、あなたはどのような処置をとるか。順序、方法、配慮すべき点などについての考えを簡単に述べよ。

⑪　次の設問に簡単に答えなさい。

(1)　タール便が出たとき、腸のどの部分から出血していると考えたらよいか。
(2)　下痢をしているときは、腸のどの部分の病変が中心か。
(3)　便秘をしているとき、どのような食物をよけいにとることが必要か。
(4)　夏、尿量が少なくなるのはなぜか。
(5)　尿の検査を行うとき、いつ排尿された尿を調べるのが適当か。

⑫　たんぱく質が不足した場合どのような障害が起きるか、簡単に述べよ。又、発育を促進するためにどのような食品が必要か。脳、骨、筋肉について、それぞれ二つずつ食品名を書きなさい。

⑬　次の文は、園児の登園時の健康状態に関する記述である。文中の空欄①～⑤に適当な語句を入れなさい。

　　登園時において、園児の健康状態を（　①　）するとともに保護者から園児の状態について報告を受ける。又、保育中は園児の状態を観察し、何かの異常を感じた時は保護者に連絡するとともに、（　②　）に相談し適切な処置を行う。園児を観察する時は、不自然な傷や（　③　）の汚れなどをあわせて観察し、（　④　）虐待や（　⑤　）の発見につとめる。

健康

⑭　ハヴィガースト (Havighurst, R. J.) の発達課題のうち、乳幼児期（0～6歳）の発達課題として挙げられていないものを、次のア～オの中から一つ選んで、記号で答えなさい。

　ア　固形食摂取の学習　　　　イ　話すことの学習
　ウ　排泄習慣の自立　　　　　エ　人格の独立性の達成
　オ　両親・兄弟及び他人に自己を情緒的に結びつけることの学習

⑮　次の文について、それぞれ〔　〕内の中から適当な語を一つだけ選びなさい。

　(1)　保育室の照度は、{㋐30～70ルクス　㋑70～150ルクス　㋒150～300ルクス}が適当である。
　(2)　保育室内の冬季の温度は、{㋐10～15℃　㋑18～20℃　㋒22～25℃} が最も望ましい。
　(3)　5歳前後の幼児の脈拍は、{㋐100～90　㋑130～120　㋒140～130}が普通である。
　(4)　幼児の一日の排尿回数は、およそ{㋐15～20回　㋑10～12回　㋒7～10回}である。

⑯　次の(ア)～(オ)は、感染症の病名である。それぞれの症状・予後にあてはまる適切なものを①～⑨から選び、番号で答えよ。

　(ア)　マイコプラズマ感染症　　　(イ)　感染性胃腸炎　　　(ウ)　アタマジラミ
　(エ)　伝染性膿痂疹（とびひ）　　(オ)　手足口病

①　紅斑を伴う水疱や膿疱が破れてびらん、痂皮をつくる。かゆみを伴うことがあり、病巣は擦過部に広がる。
②　突然の発熱（39℃以上）、咽頭痛がみられる。咽頭に赤い発しんがみられ、次に水疱、間もなく潰瘍となる。
③　咳、発熱、頭痛などのかぜ症状がゆっくりと進行し、特に咳は徐々に激しくなる。しつこい咳が3～4週持続する場合もある。
④　頭皮に皮膚炎を起こす疾患。一般に無症状であるが、吸血部位にかゆみを訴えることがある。

⑤ 半球状に隆起し、光沢を帯び、中心にくぼみをもつ粟粒大から米粒大（2～5mm）のいぼが、主に体幹、四肢にできる。

⑥ 発熱と口腔・咽頭粘膜に痛みを伴う水疱ができ、唾液が増え、手足端末、肘、膝、お尻などに水泡がみられるのが特徴。

⑦ 下痢、血便、嘔吐、発熱。カンピロバクターでは、発症数週間後にギランバレー症候群という、末梢神経まひ疾患を併発することもある。

⑧ 嘔吐と下痢が主症状である。多くは2～7日で治るが、脱水、けいれん、脳症などを合併し、危険な状態になることもある。

⑨ 上気道感染では発熱と咽頭痛、咽頭扁桃の腫脹や化膿、リンパ節炎。治療が不十分な場合は、リウマチ熱や急性糸球体腎炎を併発する場合がある。

⑰ 幼児の安全な生活を守るためには、安全教育と安全管理が発達段階に応じてバランスよく行われることが大切である。次の各項目のうち安全教育に関するものには○、安全管理に関するものには△をつけなさい。

(1) 週に1回ブランコやすべり台を点検する。
(2) カッターなど危険な道具の使い方のきまりを守らせる。
(3) 雨の日は廊下がぬれてすべらないように敷物を敷く。
(4) ぶらんこ遊びのルールについてみんなで話し合う。
(5) 交通安全のルールをスライドや紙芝居を使って徹底させる。
(6) 災害時の避難経路や消火器の点検は月に一度行う。

⑱ 次の文は、熱中症に関する記述である。適切なものを選びなさい。

A 熱中症は、高温環境において体温の調節異常をきたした状態で、体温の異常な上昇がみられる。

B 熱中症の場合は、電解質の異常をともなうので、水を飲ませるのは禁もつであり、濃い食塩水を与える。

C 温度と湿度の低い涼しい場所に移し、意識がしっかりしていたら、スポーツ飲料などを与え、冷水やアイスパック、扇風機等で身体を冷やして体温を下げる。

D 呼吸や意識の状態などをよく観察して、必要があれば人工呼吸を行う。

E 意識はうとうとしていても、呼吸がしっかりしていたら病院に運ぶ必要はない。

⑲ 次の (1) (2) の事例についてそれぞれ記述せよ。

(1) A幼稚園は、園児数75名、4歳児1クラスと5歳児が2クラスの幼稚園である。あなたは

この幼稚園で2年保育5歳児の担任をしている。9月上旬に地震の避難訓練を行う。今回の避難訓練は、地震による津波の想定及び保護者への引き渡し訓練は実施しない内容で計画した。

あなたは担任としてどのような準備や援助をするか。①「事前の準備や援助」3点と②「当日の指導案のねらい」2点を、それぞれ20字以内で記入せよ。

　※　句読点は1字とする。

(2)　K幼稚園は、園長、5歳児担任、4歳児担任、養護教諭、管理員の5名の職員組織である。あなたは、2年保育の4歳児の担任をしている。6月のある日、園庭で教師も一緒に自由に遊んでいる時のことである。B児とC児は、一つしかない赤いボールの取り合いをしている。同時にD児が転んで泣いている。園庭には、5歳児担任も子どもと一緒に遊んでおり、養護教諭は、保健室で発育測定の準備をしている。

あなたは、担任としてどのようなことに気を付けながら援助や教師間の連携をするか、述べよ。①「幼児への援助」②「教師間の連携」について、それぞれ50字以内で記入せよ。

　※　句読点は1字とする。

20　次の各文を、(A) 健康な生活に必要な習慣や態度を身につける、(B) いろいろな運動に興味を持ち進んで行うようになる、(C) 安全な生活に必要な習慣や態度を身につける、の三つに分類しなさい。

① 進んで戸外で遊ぶ。　　　　　　② 適切な服装で遊びや仕事をする。
③ 安全に気をつけて遊具や用具を使う。　　④ のびのびとリズミカルに運動する。
⑤ 交通の規則を守る。
⑥ 感染症やその他の病気について関心をもつ。
⑦ 誰とでも仲良くし、きまりを守って遊ぶ。
⑧ 休息の仕方がわかり、運動や食事の後は静かに休む。
⑨ けがをしないよう気をつける。
⑩ いろいろな運動器具の使い方を知り、工夫して使い、また、後片づけをする。
⑪ 姿勢を正しくする。
⑫ 食事の仕方を身につけ、食べ物の好き嫌いをしない。
⑬ 鬼遊びなど集団的な遊びをする。
⑭ いろいろな方法で、歩く、走る、跳ぶなどの運動をして遊ぶ。
⑮ 危険なものに近寄ったり、危険な場所で遊んだりしない。

21　次は、運動遊びの目標と子どもの経験である。それぞれ関連のあるものを組み合わせなさい。
〔目標〕　　(1)　十分な身体活動の満足感を得る。
　　　　　　(2)　自立心、忍耐心、気力、自信、注意力、創造力などを養う。
　　　　　　(3)　協力、きまり、役割などを体験し、理解する。

　　　　⑷　清潔についての望ましい習慣を身につける。

　　　　⑸　安全についての望ましい習慣を身につける。

〔経験〕　　㋐　順番にする。後片づけをする。

　　　　㋑　思い切って動き回り、楽しかったので明日もまたやりたい。

　　　　㋒　自分でやってみる。できるだけ長く続ける。思い切ってやってみる。

　　　　㋓　きまりを守って遊び、とっさの判断が習慣づけられる。

　　　　㋔　思いきり運動し、終わったら身体を清潔にする。

　　　　㋕　楽しく遊ぶための工夫をする。

22　次の文は、平成 24 年 3 月に通知された「幼児期運動指針」の一文である。㋐〜㋔に
あてはまる適切な語句を①〜⑨から選び、番号で答えなさい。

　　幼児期は、生涯にわたって必要な多くの運動の基となる (ア) な動きを幅広く獲得する
非常に大切な時期である。動きの獲得には、「動きの (ア) 化」と「動きの洗練化」の二
つの方向性がある。

　　「動きの (ア) 化」とは、年齢とともに獲得する動きが増大することである。幼児期にお
いて獲得しておきたい基本的な動きには、立つ、座る、寝ころぶ、起きる、回る、転がる、
渡る、ぶら下がるなどの「(イ)」、歩く、走る、はねる、挑ぶ、登る、下りる、這う、よ
ける、すべるなどの「体を移動する動き」、持つ、運ぶ、投げる、捕る、転がす、蹴る、
積む、こぐ、掘る、押す、引くなどの「(ウ)」が挙げられる。通常、これらは、体を動
かす遊びや生活経験などを通して、易しい動きから難しい動きへ、一つの動きから類似し
た動きへと、(ア) な動きを獲得していくことになる。

　　「動きの洗練化」とは、年齢とともに基本的な動きの運動の仕方 (動作様式) がうまくなっ
ていくことである。幼児期の初期 (3 歳から 4 歳ごろ) では、動きに「力み」や「ぎこちなさ」
が見られるが、適切な運動経験を積むことによって、年齢とともに無駄な動きや過剰な動
きが減少して動きが (エ) になり、目的に合った (オ) ができるようになる。

　　①　用具などを操作する動き　　②　体の柔軟さを育む動き　　③　活発
　　④　多様　　　　　　　　　　　⑤　滑らか　　　　　　　　　⑥　活動的な動き
　　⑦　合理的な動き　　　　　　　⑧　体全身を使った動き　　　⑨　体のバランスをとる動き

23　次の文は自閉症と診断された幼児への保育・教育支援の姿勢についての記述である。こ
れらの文のうち、適切なものを一つ選んで、記号で答えなさい。

ア　自閉症の幼児の偏食は、味覚の特異性が原因となっていることが多いので、食事指導
　　は行わない方が良い。

イ　自閉症の幼児は、触覚過敏性であることが多いため、泥遊びや砂遊びを教材として選

択すべきではない。

ウ　自閉症の幼児は、視覚優位の認知をすることが多いため、言語理解のある場合でも視覚支援をした方が良い。

エ　自閉症の幼児の苦手なところを少しでも補えるように、叱咤激励しながら繰り返し教える方が良い。

オ　自閉症の幼児は、時間と空間の意味付けが苦手なので誰かが隣にいて常に手を引いて教えてあげると良い。

㉔　次の文は、『幼稚園教育要領』(平成29年3月31日文科告62)の「健康3内容の取扱い」の中で述べられたものである。空欄（　　）に当てはまる適切な言葉を、下のア〜オの中から一つ選びなさい。

　　安全に関する指導に当たっては、情緒の安定を図り、（　①　）を通して安全についての構えを身につけ、危険な場所や事物などが分かり、安全についての理解を深めるようにすること。また、交通安全の習慣を身に付けようにするとともに、（　②　）避難訓練などを通して、災害などの緊急時に適切な行動がとれるようにすること。

ア　避難訓練　　　　　イ　遊び　　　　　　　ウ　運動
エ　教師の働きかけ　　オ　専門機関との連携

㉕　三大栄養素についての記述である。適切なものを選びなさい。

A　摂取された糖質はブドウ糖、果糖、ガラクトースなどの単糖類のかたちで吸収される。

B　摂取後すぐに利用されない糖質は肝臓や筋肉で、フルクトースや脂肪に変化してエネルギー貯蔵物質として貯えられる。

C　食物中の脂質の多くを占める中性脂肪の消化は、主に膵臓腋中の脂肪分解酵素であるマルターゼの作用により、小腸で行われる。

D　糖質と比較して脂肪がエネルギーとなる代謝系は、ビタミンB$_1$の要求量が少ないので、脂質の摂取はビタミンB$_1$の節約になる。

E　たんぱく質は糖質や脂質と異なり、炭素、水素、酸素のほかに、酵素約16％含むことを特徴としている。

健康

▼ 健康　解答 & 解説 ▼

① ア、イ

〈解説〉3〜4歳になると、園生活に慣れ、基本的な事柄は一通りできるようになり、自己コントロールしながら動きが巧みになる時期である。さらに、4〜5歳になると友だちといろいろな活動や運動することの楽しさを見出したり、環境に適合した遊び方を工夫したりする。

② 4

〈解説〉幼稚園教育要領「健康」の領域においても「危険な場所、危険な遊び方、災害時などの行動の仕方がわかり、安全に気を付けて行動する。」という「ねらい」がある。災害時の対応は保育活動において十分配慮する必要がある。

③ ウ

〈解説〉園として地域の特性を理解し、それに対応した対策を計画的に指導するとともに、園全体の協力体制・家庭との連携をとりながら、日常的な指導を積み重ねていくことが大切です。

④ 解答例

(ア)	①	・訓練があることを知らせる。　・約束を決めておく。 ・視覚教材を使って伝える。　・命の大切さを伝える。 ・極端に不安を増長させないようにする。	
	②	・避難リュックの準備　・避難経路や放送設備の確認 ・職員の共通理解　・教師の役割分担をする。　・消防署に届けを出す。	

(イ)	①	幼児の姿	不安になる。(泣く、さわぐ、動かないなど)
		教師の援助	教師が傍にいて、手をつないだり声をかけたり、一緒に避難する。
	②	幼児の姿	友だちを押す。
		教師の援助	友だちを押さないように、落ちついて避難できるように声をかける。
	③	幼児の姿	ハンカチで口を押さえ、指示に従って避難する。
		教師の援助	約束を守り避難できたことを認め、本当に火災が発生した時も、このことを忘れないように伝える。

(注)「火災」という緊急を想定した状況なので、連動した答えが大切である。又全体に、文章が通じないもの、誤字、脱字は減点対象となる。

⑤ ウ

⑥ ①オ　②カ　③キ　④イ　⑤エ　⑥ク　⑦⑧⑨ケ・コ・サ（順不同）　⑩ア

⑦ ア 8　　イ 9　　ウ 5　　エ 7　　オ 2

〈解説〉幼稚園教育要領は必ず目を通しておくこと。

⑧ ⓐ(ホ)　ⓑ(ヘ)　ⓒ(ロ)　ⓓ(イ)　ⓔ(リ)　ⓕ(ト)　ⓖ(チ)　ⓗ(ハ)　ⓘ(ニ)

⑨ (ア)④　(イ)⑥　(ウ)⑧　(エ)③　(オ)②

⑩ (A) (1) 滅菌ガーゼで血液をぬぐいとり、すぐ消毒（2％マーキュロクローム液）をし、たし、傷口にごみが入っていたら、オキシフルでごみを押し出し、それを拭いてから、マーキュロクローム液をつけて軟こうをつけたガーゼをあて、絆そうこうでとめる。

(2) チンク油、ワセリンなど油類を塗り、痛みのある間はその上から冷やす。

(3) 呼吸、脈搏を確かめ、瞳こうが開いてないかをみる。頭をやや低めにして安静

にし、医師をすぐ呼び、なるべく動かさない。

(B)　すべり台から落ちたのだから、骨折、脱臼、またはねんざなどが考えられる。いずれにしても動かさないことが大切である。軽いねんざであれば、ヨードチンキを塗りその上から冷やす。重いねんざであれば、硼酸水、鉛糖で冷して安静にしておく。脱臼は素人の療法は禁物であるから専門医につれていく。骨折も同様であるが、骨折した患部にまとっているものを取りのぞく必要がある。実際には、素人では判断がむずかしいので冷静に、速やかに専門医につれていく。専門医への連絡、救急車等の手配等緊急時の対応について、普段から訓練をしておくことが大切。

⑪　(1)　胃腸や十二指腸から出血している可能性が高い。
　　(2)　下痢は大腸を中心とした部分の病変とみてよい。
　　(3)　便秘中には、腸の粘膜に適当な刺激をあたえる食物を多くとるとよい。
　　(4)　夏は、汗によって体内の水分の蒸散がさかんになるため、尿量が少なくなる。
　　(5)　一日の全尿を集めて検査するのが普通であるし、本来の方法であるが、健康診断などでは早朝の尿を調べている。

⑫　〈解答例〉
　　栄養が不足した場合、まず体重発育が阻害され、さらにひどく不足した場合には、身長発育もさまたげられる。
　　　脳の発育を促進する食品……肉類、野菜　　　骨の発育を促進する食品……小魚、海藻類
　　　筋肉の発育を促進する食品……肉類、魚類
　　〈解説〉　脳の発育には魚類、果物、乳製品、骨の発育には牛乳・大豆製品、筋肉の発育には、緑黄色野菜・果物等がある。

⑬　①　観察　　②　嘱託医　　③　下着　　④　身体的　　⑤　不適切な養育

⑭　エ
　　〈解説〉ハヴィガーストによる幼児期における達成することが望ましい項目(幼児期誕生〜6歳)
　　　歩行・摂食・会話・排泄の習慣をつける　　　単純な社会的、物理的概念の形成
　　　性の相違を知る　　　　　　　　　　　　　性の慎みを学ぶ
　　　生理的安定を得る　　　　　　　　　　　　両親・兄弟・その他の人に親しみをもつ
　　　正邪の区別

⑮　(1)　ウ　　　(2)　イ　　　(3)　ア　　　(4)　ウ
　　〈解説〉　(1)絵本を見たり、工作などの作業をするために好適な照度を保てばよいのである。
　　(2) 幼児の脈拍数は、およそ1分間に100〜110であるが、運動したり、興奮したりすると変動する。また、体温が1℃上昇すると1分間に15〜20増加する。

⑯　(ア) ③　　　(イ) ⑧　　　(ウ) ④　　　(エ) ①　　　(オ) ⑥

⑰　(1)　△　　　(2)　○　　　(3)　△　　　(4)　○　　　(5)　○　　　(6)　△

⑱　A　C　D
　　〈解説〉　熱中症の症状がみられた場合は、体温を下げるとともに水分の補給を行い、意識がはっきりしない場合は、直ちに病院に運ぶ。

19　解答例

(1)　①　事前の準備や援助

1	避	難	訓	練	に	つ	い	て	、	職	員	間	で	共	通	理	解	す	る	。
2	防	災	頭	巾	、	避	難	リ	ュ	ッ	ク	等	を	確	認	し	て	お	く	。
3	ビ	デ	オ	や	絵	本	等	で	避	難	方	法	に	気	付	か	せ	る	。	

②当日の指導案のねらい

1	地	震	時	の	指	示	に	従	い	、	約	束	を	守	ろ	う	と	す	る	。
2	避	難	訓	練	を	通	し	て	命	の	大	切	さ	に	気	付	く	。		

(2)　①　幼児への援助

D	児	の	状	態	を	把	握	し	、	保	健	室	へ	同	行	す	る	。	B
児	と	C	児	の	思	い	を	聞	き	用	具	は	個	と	皆	の	物	が	あ
る	事	に	気	付	か	せ	る	。											

②　教師間の連携

D	児	の	処	置	に	つ	い	て	養	護	教	諭	に	確	認	す	る	。	他
児	の	見	守	り	を	5	歳	児	担	任	へ	依	頼	す	る	。	D	児	の
件	を	職	員	で 共	有	す	る	。											

20　(A) ①②⑥⑧⑪⑫　　　(B) ④⑦⑩⑬⑭　　　(C) ③⑤⑨⑮

〈解説〉幼稚園教育要領第2章内容の具体的なねらいである。このねらいに基づいて日案を作成することが重要である。

21　(1) (イ)　　(2) (ウ)(カ)　　(3) (ア)　　(4) (オ)　　(5) (エ)

〈解説〉子ども（幼児）の運動遊びは、運動能力や技能を習得するのが目的ではない。運動遊びを通して人間関係や社会的なルール、きまりなど日常生活に必要な事項を習得させるのがねらいである。

22　(ア) ④　　(イ) ⑨　　(ウ) ①　　(エ) ⑤　　(オ) ⑦

23　ウ

〈解説〉障がいを受けている子どもの特性は、個々によって異なります。子どもの特性に応じた支援のあり方を理解しておくことが大切です。

24　① イ　　② ア

25　Ａ Ｄ

〈解説〉栄養素には、糖質、脂質、たんぱく質、ミネラル(無機質)ビタミンがありこれらは5大栄養素とよばれています。5大栄養素のうち糖質、脂質、たんぱく質は3大栄養素とよばれ、身体の構成成分となります。摂取するエネルギーの60%を占めています。糖質は体内に取り込まれ、単糖類、少糖類、多糖類に分解されたあと、吸収されます。

◢ 3 人間関係 ◣

① 次の(1)〜(5)が示している適応機制の例から該当する項目について、下の語群からそれぞれ1つずつ選び、番号で答えよ。

(1) 好意を抱いている異性に対してそっけない態度をとるといったように、欲求と正反対の行動をとる。

(2) 学芸会の主役になれなかった生徒が、劇の主役などになると勉強する時間がなくなると言いふらし、自らを正当化する。

(3) 弟や妹が生まれたとたんに、親に幼児のような話し方をしたり甘えたりするように、幼い発達段階に退却して、その段階で満足を得ようとする。

(4) 自分が嫌っている相手に対して、相手の方が自分のことを嫌っていると思い込むように、自身の認めたくない感情を相手がもっているものと無意識的に考える。

(5) いらいらとした気分を部活動に打ち込んで発散する。

(語群)

　　1. 抑圧　　　2. 攻撃　　　3. 昇華　　　4. 代償　　　5. 投射
　　6. 退行　　　7. 逃避　　　8. 反動形成　9. 合理化　　10. 同一視

② 遊びの指導を行う上で、正しいと思うものを次から選びなさい。
　① 子どもなりに考えたり工夫しながら遊べるように配慮する。
　② 子どもは危険な遊びが好きなので自由に遊ばせる。
　③ 遊ぶための環境を整える。
　④ ルールを守らなくても、自由に伸び伸び遊ばせる。
　⑤ 全身を打ち込むほど熱中させる。
　⑥ 子どもの要求ばかりをとりあげては子どものためによくない。
　⑦ 全員が仲良く遊べるよう仲間はずれをさせない。

③ 次の文を読んで、注意すべきことを述べなさい。

先生に引率されて公園に行きました。幼稚園児の一団に出会いました。その時4歳くらいの幼児が、紙くずをポイと広場に捨てました。
　それを見た先生が、「あら！そんなところに紙くずを捨てると、公園のおじさんに叱られるわよ」といってたしなめました。

---

④　幼児教育における社会性について述べてある以下の文の空欄に適切な言葉を選びなさい。

　　社会性とは幼児が（　①　）から抜け出し、（　②　）に適応していくときに用いられる言葉で、一般に社会性が高いことはよい（　③　）をし得たといえる。具体的には幼児がどの程度その属する社会の（　④　）や（　⑤　）を身につけ、社会的、（　⑥　）生活に参加しているか、又、社会的適応をもたらすパーソナリティを身につけているかということである。社会性を示すパーソナリティとは、たとえば（　⑦　）、（　⑧　）、（　⑨　）といったもので、非社会性を示すパーソナリティは（　⑩　）、（　⑪　）、（　⑫　）などである。

　　(ア)　人なつっこい　　(イ)　明朗　　　　　(ウ)　家庭的　　　　(エ)　集団的
　　(オ)　個人的　　　　　(カ)　攻撃的　　　　(キ)　引っ込み思案　(ク)　協調的
　　(ケ)　自己中心性　　　(コ)　社会性　　　　(サ)　排他性　　　　(シ)　社会
　　(ス)　家庭　　　　　　(セ)　気難しい　　　(ソ)　人格形成　　　(タ)　規範
　　(チ)　習慣　　　　　　(ツ)　礼儀

⑤　幼児に独特な社会行動の型の特徴をB群から二つずつ選び出し、A群と組み合わせなさい。ただし、同じものを重複して選んでもよい。

〈A群〉　　・反抗　　　・けんか　　　・協力　　　・競争

〈B群〉
　　(ア)　自他の分化をすすめる上で重要な意味をもつ。
　　(イ)　比較的はっきりした自他の分化が前提となって生じ、適度であれば行動を意欲的にする。
　　(ウ)　いっそう自他の分化が進んだ段階で生じ、共通の目的のために自己の行動を統制する。
　　(エ)　愛情、共感など好ましいパーソナリティ特性を培う。
　　(オ)　自己の行動が大人達に責められるか否かに行動の基準を学ぶ。
　　(カ)　幼児が大人の力に対して抵抗する。
　　(キ)　自我意識のあらわれの一つとして起こる現象で子どもに向けられる反抗。
　　(ク)　4歳頃からみられる、明らかに他者に打ち勝とうとする態度。

⑥　次の(A)・(B)の設問に答えなさい。

　(A)　幼児のけんかの特徴を箇条書きにせよ。
　(B)　けんかは子どもの成長過程において通過しなければならないものであり、社会性の発達を促すよい機会でもある。もし、あなたの目の前で子ども同士がけんかをしたらどうするか。社会性の指導という点から、どのような点に留意しながら指導するか箇条書きにせよ。

⑦ 次の文は、人間関係の内容である。文中の空欄に適当な語を入れなさい。

(1) 先生や友だちと共に過ごすことの（ ① ）を味わう。

(2) 自分で考え、自分で（ ② ）する。

(3) いろいろな（ ③ ）を楽しみながら物事をやり遂げようとする気持ちをもつ。

(4) 友だちと積極的にかかわりながら喜びや悲しみを（ ④ ）し合う。

(5) 自分の思ったことを相手に伝え、相手の思っていることに（ ⑤ ）。

(6) 友だちの（ ⑥ ）に気付き、一緒に活動する楽しさを味わう。

(7) 友だちと楽しく活動する中で、（ ⑦ ）目的を見いだし、工夫したり、協力したりなどする。

(8) 友だちとのかかわりを深め、（ ⑧ ）をもつ。

(9) 友だちと楽しく生活する中で（ ⑨ ）の大切さに気付き、守ろうとする。

(10) （ ⑩ ）をはじめ地域の人々などの自分の生活に関係の深いいろいろな人に親しみをもつ。

ア 気付く	イ 共感	ウ よさ	エ きまり	オ 共通の
カ 思いやり	キ 遊び	ク 高齢者	ケ 喜び	コ 行動

⑧ 次の各文のうち、「人権教育・啓発に関する基本計画」（平成23年4月1日 閣議決定（変更）の中の、各人権課題に対する取組に関する記述の内容として正しいものを〇、誤っているものを×とした場、正しい組合せはどれか。1〜5から一つ選べ。

A 性別に基づく画定的な役割分担意識を是正し、人権尊重を基盤とした男女平等観の形成を促進するため、家庭、学校、地域など社会のあらゆる分野において男女平等を推進する教育・学習の充実を図る。

B 障害者に対する偏見や差別意識を解消し、ノーマライゼーションの理念を定着させることにより、障害者の自立と完全参加を可能とする社会の実現を目指して、人権尊重思想の普及高揚を図るための啓発活動を充実・強化する。

C 高齢者と他の世代との相互理解や連帯感を深めるため、世代間交流の機会を充実させる。

D 外国人に対する偏見や差別意識を解消し、外国人の持つ文化、宗教、生活習慣等における多様性に対して寛容な態度を持ち、これを尊重するなど、国際化時代にふさわしい人権意識を育てることを目指して、人権尊重思想の普及高揚を図るための啓発活動を充実・強化する。

	A	B	C	D
1	〇	〇	〇	〇
2	〇	〇	〇	×
3	〇	〇	×	〇
4	〇	×	〇	〇
5	×	〇	〇	〇

⑨　ボウルビィ (Bowlby, J.) は、子どもが養育者に対して示す愛着行動を、①定位行動、②発信行動、③接近行動の三つに分類している。それぞれの行動の具体例の組合せとして適切なものを、次のア～オの中から一つ選んで、記号で答えなさい。

ア　①　顔をじっと見る　　②　泣き叫ぶ　　③　しがみつく
イ　①　微笑む　　　　　　②　後を追う　　③　しがみつく
ウ　①　微笑む　　　　　　②　泣き叫ぶ　　③　かんしゃくを起こす
エ　①　顔をじっと見る　　②　後を追う　　③　かんしゃくを起こす
オ　①　微笑む　　　　　　②　泣き叫ぶ　　③　しがみつく

⑩　パーテン（Parten, M.）の遊びの類型のうち適切ではないものを、下のアからエより一つ選んで記号で答えなさい。

ア　ひとり遊び　　　　イ　伝承遊び　　　　ウ　連合的な遊び　　　　エ　平行遊び

⑪　外発的動機づけの例として適切なものはどれか。次の１～４の中から１つ選び、番号で答えよ。

1.　算数が楽しくて仕方がなく、勉強に熱中する。
2.　先生に叱られないように、教室の掃除をする。
3.　美術に興味がわき、様々な絵画の鑑賞を楽しむ。
4.　道端に咲く花の名前が知りたくなり、図書館に図鑑を見に行く。

⑫　次のＡ～Ｄは、幼稚園教育要領解説（平成30年２月）領域「人間関係」の内容の取扱いにおいて示されている。幼児が自分自身の生活を確立し、自分の力で行うことの充実感を味わうようにするために、教師が配慮する内容である。Ａ～Ｄの説明として最もふさわしいものを下のア～エから選び、（　　）の中に記号で答えなさい。

Ａ　共に考えること　　　　　　　　　　　（　　　）
Ｂ　幼児の行動に温かい関心を寄せること　（　　　）
Ｃ　心の動きに応答すること　　　　　　　（　　　）
Ｄ　幼児なりの達成感を味わう経験を支えること　（　　　）

ア　幼児が多様な感情を体験し、試行錯誤しながら自分の力で行うことの充実感や満足感を味わうことができるようにするには、その心の動きに対して柔軟な応じ方をすることが重要である。教師が答えを示すのではなく、幼児の心の動きに沿って共に心を動かし

　　たり、知恵を出し合ったりする関わり方が求められる。

イ　やたらに褒めたり、励ましたり、付きまとったりすることではない。大人がもっている判断の基準にとらわれることなく、幼児のありのままの姿をそのまま受け止め、期待をもって見守ることである。このような肯定的な教師のまなざしから、幼児は、自分が教師に見守られ、受け入れられていることを感じ取っていく。しかし、「待つ」とか「見守る」ということは、幼児のすることをそのまま放置して何もしないことではない。幼児が他者を必要とするときに、それに応じる姿勢を教師は常にもつことが大切なのである。それは、幼児の発達に対する理解と自分から伸びていく力をもっている存在としての幼児という見方に支えられて生まれてくる教師の表情やまなざし、あるいは言葉や配慮なのである。

ウ　幼児が何かをやろうとしている過程では、うまくいかずにくじけそうになるこもある。また、「やりたくない」と言っていても、自分には難しいと思えて諦めていることもある。教師は、幼児の表情や仕草、体の動きから幼児の気持ちを読み取り、見通しがもてるように共に考えたり、やり方を知らせて励ましたりしながら、幼児が自分の力でやり遂げることができるよう幼児の心に寄り添いながら支えることが大切である。

エ　言葉だけで意見や知恵を出し合うことではない。相手の立場に立って、相手の調子に合わせて考えようとする姿勢が必要となる。相手と同じことをやってみることやそばに寄ったり、手をつないだりすることなどによって、体の動かし方や視線といった言葉にならないサインを感じ取っていくことが大切であり、結果よりも、むしろ、幼児と一緒に過ごし、その心に寄り添いながらその幼児らしい考え方や思いを大切にすることが重要である。併せて幼児一人一人の発達に応じて、思いや考えを引き出したり、考えが広がるようなきっかけを与えたりするなどの関わりも大切である。

⑬　次にあげた表は、基本的生活習慣の自立の標準を示したものである。空欄に適当と思われる事項を(1)〜(10)から選びなさい。

年　齢	食　事	睡　眠	排　泄	着　衣	清　潔
歳　月 1：0 1：6	・スプーン使用 （　ア　）		・排便を知らせる ・便意の予告		
2：0 2：6	・スプーンと茶碗を両手で使う （　エ　）		・夜のおむつ不要	（　イ　） ・靴をはく	（　ウ　）
3：0	・はしの使用 ・だいたいこぼさない				
3：6 4：0	（　オ　）	・昼寝の終止 （　ク　）	（　カ　） ・大便自立	（　キ　） ・前のボタンをかけたりパンツをはく	（　ケ　）（　コ　） ・鼻をかむ
4：6				・靴下をはく ・ひもを堅結びする	

(1)　完全に自立　　(2)　寝るときのあいさつ　　(3)　うがい、歯みがき、顔を洗う

(4)　小便自立　　(5)　手を洗う　　(6)　一人で着ようとする　　(7)　一人で脱ごうとする

(8)　口をゆすぐ　　(9)　茶わんをもって飲む　　⑽　食事のあいさつ

⑭　ある幼稚園で9月のことである。走るのが大好きな5歳児の子どもたちが、赤白5人ずつ2つのグループに分かれてリレー遊びをしていた。はじめは赤グループが勝っていたが、赤グループのA児が転んでしまい、すぐに立ちあがって走ったが、白グループに抜かれてしまった。その後、抜き返すことができず、赤グループの負けとなった。園庭から保育室に戻ろうとみんなが靴を履き替えていたとき、赤グループのB児が「Aちゃんが転んだから、負けた」とA児がそばにいるのに気付かず、悔しそうにつぶやいた。近くで靴を履き替えていてそれを聞いたA児は、悲しくなって、その場で泣いてしまった。そこへ保育室で遊んでいたC児が、「Aちゃん、どうしたの」と声をかけると、A児は「Bちゃんに嫌なこと言われた」と答えた。それを聞いたB児はどうしてよいかわからず、「ごめん」と言った後、だまってしまった。C児がそれを見て、「先生、BちゃんがAちゃんを泣かした、BちゃんがAちゃんを泣かした」と何度も大きな声で発したため、B児も泣いてしまった。担任は、子どもたちで解決するようにしばらく見守っていたが、解決することが難しいと感じ、指導にあたることにした。

　　あなたは担任として、A児、B児、C児に対して何を認め、どのような内容の指導、援助を行うか。幼稚園教育要領(平成29年3月告示)領域「人間関係」をふまえて、それぞれ100字以内で具体的に述べなさい。

⑮　次の文は、幼児の社会性の発達段階について、簡単に述べたものである。(　)の中に適切な語句を入れなさい。

　　2歳児では、睡眠、排泄などの(①)や、挨拶、着衣などの(②)が身につく。また親に反抗する態度を見せるようになるが、反抗心は(③)の芽生えともいえる社会性の発達の上で重要なものである。遊びは(④)な遊びはできるが、それ以上の集団遊びなどはできない方が多い。3歳児では、両親の生活や周囲の動きに関心を示し(⑤)に参加しようとする傾向がでてくる。この時期には他の子どもと(⑥)をすることが多くなってくるが、これも社会性の発達の一段階として大切なものであるので、あまり大人が干渉しないほうがよい。4歳児は(⑦)期といわれる年齢であり、周囲への関心がより強くなってくる。この頃には(⑧)的な行動がへり(⑨)的行動がとれるようになっていく。また、遊びは(⑩)遊びがさかんになる。

⑯　次の各文は、『幼稚園教育指導資料第３集　幼児理解と評価』（平成22年7月改訂）において、家庭の情報を得るために保護者との教育相談を行う際に配慮する点について述べたものである。<u>適切でないものを</u>、下のアからエの中から一つ選んで記号で答えなさい。

　ア）幼稚園で起こる問題については、幼稚園だけでなく家庭、地域と協力して解決するという姿勢で行う。
　イ）家庭での生活の様子を知ることはその幼児の指導を考えるために全て役立つので、あらゆる情報を保護者から聞く。
　ウ）保護者の願いや思いを尊重しながら、教師としての考えを伝える。
　エ）幼稚園での幼児の行動や言動について気になったときは、その問題を保護者に伝え、一緒に考える。

人間関係

⑰　下にあげた遊びとその意義の中で、不適当な意義が含まれています。不適当な意義を選び、番号を記入しなさい。

①　積み木
　（ア）　ものごとを熱心にやる、最後までやり通すなどの集中力や持続力を身につける。
　（イ）　共同の用具を公平に使ったり、友だちと協力して作ったりするなどの態度を養う。
　（ウ）　経験を豊かにし、感動を深める。
②　すべり台
　（ア）　想像し、構成することによって表現力を養う。
　（イ）　いろいろな感覚や運動能力の発達を促す。
　（ウ）　友だちと仲良く、きまりを守って遊べるようになる。
③　遠足
　（ア）　集団での行動の仕方を身につける。
　（イ）　経験を豊かにし、感動を深める。
　（ウ）　数量や図形などに関心を持つようになる。
④　ごっこ遊び
　（ア）　簡単な社会のしくみや人々の働きに興味を持つようになる。
　（イ）　壊しては作るうちに集中力と持続力を身につける。
　（ウ）　想像力や空想力を豊かにする。

⑱　次の文は幼保連携型認定こども園教育・保育要領の「幼保連携型認定こども園における教育及び保育の基本」の(1)である空欄Ａ～Ｆにあてはまる語句をア～オから選びなさい。

　（　Ａ　）は周囲への依存を（　Ｂ　）にしつつ自立に向かうものであることを考慮して周囲との（　Ｃ　）に支えられた生活の中で、園児一人一人が（　Ｄ　）と信頼感もっ

ていろいろな（　E　）に取り組む体験を十分に積み重ねられるようにすること。

　　ア　基盤　　　イ　活動　　　ウ　信頼関係　　　エ　乳幼児期　　　オ　安心感

⑲　次の【Ⅰ群】の記述を【Ⅱ群】の著者名と結び付けた場合の正しい組み合わせを一つ選びなさい。

【Ⅰ群】

A　教育は、経験の意味を増加させ、引き続く経験の進路を方向づける能力を高めるような形での、経験の再構成または再組織化なのである。

B　私は彼らとともに泣き、彼らとともに笑いました。彼らは世界も忘れ、シュタンツも忘れて、私のもとにおり、私もまた彼らのもとにおりました。彼らのスープは私のスープであり、彼らの飲み物は私の飲み物でした。私には何もなく、所帯もなく友人も召使も誰も私の身のまわりにはいませんでした。私にはただ、子どもたちだけがおりました。彼らが健康なときは、私は彼らの真ん中にいました。彼らが病気のときは、私は彼らのそばにいました。私は夜は一番最後にベットに就き、朝は一番早く起きました。私はベットのなかでも彼らが寝つくまで彼らとともに祈り、そして教えました。彼らはそうすることを望んだのです。二重感染の危険にさらされながら、私は彼らの着物や身体のほとんどどうしようもない汚れの世話をしてやりました。

【Ⅱ群】　　　　　　　　　　　　　　　　　（組み合わせ）

　ア　カント (Kant, I.)　　　　　　　　　　　　　　A　B

　イ　デューイ (Dewey, J.)　　　　　　　　　1　ア　ウ

　ウ　ルソー (Rousseau, J. J.)　　　　　　　　2　ア　エ

　エ　ペスタロッチ (Pestalozzi, J.H.)　　　　　3　イ　エ

　オ　オーエン (Owen, R.)　　　　　　　　　4　イ　オ

　　　　　　　　　　　　　　　　　　　　　5　ウ　オ

⑳　次の各文のうち、「発達障害を含む障害のある幼児児童生徒に対する教育支援体制整備ガイドライン〜発達障害等の可能性の段階から、教育的ニーズに気づき、支え、つなぐために〜」(平成29年3月　文部科学省)に関する記述の内容として正しいものを○、誤っているものを×とした場合、正しい組合せはどれか。1〜5から一つ選べ。

A　障害への偏見や差別を解消する教育(障害者理解教育)を推進することを通して、児童等が様々な多様性を受け入れる心情や態度を育むように工夫することが重要であり、教員自身が、支援の必要な児童等への関わり方の見本を示しながら、周囲の児童等の理解を促していくことが大切です。

B　教育上特別の支援を必要とする児童等に行う個別の支援について、周囲の児童等に説

明を行う際は、困難さや苦手さについて理解を求めるのみとし、その児童等の良さや頑張り等の良い面を伝えるべきではありません。

C　特別支援教育の視点を生かした授業を創意工夫することで、教育上特別の支援を必要とする児童等だけでなく、全ての児童等にとって「分かる、できる、楽しい授業」になります。

D　個別の教育支援計画や個別の指導計画はあくまで児童等の教育的ニーズに対する支援や指導に関する関係機関との連携のためのツールであり、作成すること自体が目的ではありません。

	A	B	C	D
1	○	×	○	○
2	×	○	×	×
3	×	○	○	○
4	○	○	○	×
5	○	×	×	○

21　次にあげる幼児の問題行動を分類し、外向的問題行動ならばA、内向的問題行動ならばB、依存的問題行動ならばCを（　）の中に記入せよ。また、その取り扱いとして適切なものを、下の（ア）～（エ）から選びなさい。

(1)　破壊的行動（　　）　(2)　無気力（　　）　(3)　けんか（　　）　(4)　泣き虫（　　）

(ア)　その子どもなりにやったことは、何でも認めてやる。批判的態度はとらない。

(イ)　叱ったり、恐がることを無理にさせたりしないで、保育者との人間関係を確立する。

(ウ)　子どもの心理をよく理解し、エネルギーを興味のある方向に向けさせる。

(エ)　なるべく子ども同士で解決させ、好ましい人間関係を作れるように導いていく。

22　次の文は「児童虐待の防止等に関する法律」（平12法82）の第5条です。文中の1～10に下欄のア～コから適切な語を選びなさい。

第5条　学校、児童福祉施設、病院その他児童の福祉に（　1　）関係のある団体及び学校の教職員、児童福祉施設の職員、医師、保健師、弁護士その他福祉に（　2　）関係のある者は、児童虐待を（　3　）しやすい立場にあることを自覚し、児童虐待の（　4　）に努めなければならない。

2　前項に規定する者は、児童虐待の（　5　）その他の児童虐待の防止並びに児童虐待を受けた児童の（　6　）及び自立の支援に関する国及び地方公共団体の（　7　）に協力するよう努めなければならない。

3　（　8　）及び児童福祉施設は、児童及び（　9　）に対して、児童虐待の防止のための教育又は（　10　）に努めなければならない。

ア　発見　　　　イ　予防　　　　ウ　業務上　　　エ　施策　　　　オ　保護
カ　啓発　　　　キ　保護者　　　ク　早期発見　　ケ　職務上　　　コ　学校

23　次の(1)～(3)は、「幼稚園における道徳性の芽生えを培うための事例集」（平成13年3月　文部科学省）に述べられているものである。(ア)～(オ)にあてはまる語句を①～⑨から選び、番号で答えよ。

(1)　幼児期は、まず自分自身を充実させ、その力を外に向けて広げていく時期である。そこから自分の（ア）が外にあふれていき、外の世界へのかかわりへと展開していく。そのかかわりが広がるにつれて、次第に外の世界にある諸々の人やものの存在に気付き、その特徴が分かっていく。自分がどうかかわると、外の世界の諸々が各々独自の特徴をもって、どう反応していくかの見当がつき、その面白さや不思議さに気付いていく。しかし、同時に、幼児は自分の思うようにならない現実にぶつかり、ものが思うように動くとは限らない、人が自分の思い通りに行動してくれるとは限らないということに気付くことが大切である。

(2)　発達の基本として自己を発揮できることが始まりにあるが、その更に根本には、（イ）と認められ、何をしようとその場に受け入れてもらえる安心感をもつことが必要である。受け入れてもらえるとは、悪いことをしようと何をしようと、すべて是認されるというのではない。仮によくないと叱られたとしても、その根底には受け入れてもらえるという（ウ）が成り立っていることである。

(3)　大勢のための社会のルールを意識する中で、（エ）ようになることが、道徳性の発達にとっては大切である。そのルールが自分の内面から発する思いと結びつくことに向けて、幼児期においては、いずれ社会に通用するルールに発展するその芽生えと幼児の心の思いとの結びつきができるように援助するのである。
　　いかなる社会のルールが重要かは、自己の発達の流れに沿いつつ、自他の関係と（オ）の中から理解されていくと同時に、幼児の属する家庭や幼稚園、あるいは地域などのルールに気付くことによって支えられる。

①　集団形成の経験　　②　感情　　　　　　　③　基本的な信頼関係
④　自分がそこにいてよい　⑤　心の思いや願いや力　⑥　自己発揮する
⑦　ありのままでよい　⑧　自らを律する　　　⑨　物との関係

㉔ 次の各文はいじめ防止対策推進法の条文である。空欄 A 〜 D に、あとのア〜クのいずれかの語句を入れてこの条文を完成させる場合、正しい組合せはどれか。1 〜 5 から一つ選べ。

人間関係

第三条　いじめの防止等のための対策は、いじめが全ての児童等に関係する問題であることに鑑み、児童等が安心して学習その他の活動に取り組むことができるよう、学校の内外を問わずいじめが（　A　）ようにすることを旨として行われなければならない。

2　いじめの防止等のための対策は、全ての児童等がいじめを行わず、及び他の児童等に対して行われるいじめを認識しながらこれを（　B　）ことがないようにするため、いじめが児童等の心身にぼす影響その他のいじめの問題に関する児童等の理解を深めることを旨として行われなければならない。

3　いじめの防止等のための対策は、いじめを受けた児童等の（　C　）を保護することが特に重要であることを認識しつつ、国、地方公共団体、学校、（　D　）家庭その他の関係者の連携の下、いじめの問題を克服することを目指して行われなければならない。

ア　行われなくなる	イ　減少する	ウ　放置する
エ　隠蔽する	オ　日常生活及び学習環境	カ　生命及び心身
キ　地域住民	ク　教育関係者	

	A	B	C	D
1	ア	ウ	オ	ク
2	イ	ウ	カ	ク
3	ア	エ	オ	ク
4	イ	エ	オ	キ
5	ア	ウ	カ	キ

㉕ 調整又は特別な設計を必要とすることなく、最大限可能な範囲で全ての人が使用することのできる製品、環境、計画及びサービスの設計のことを何というか。次の1〜4の中から1つ選び、番号で答えよ。

1. アクセシビリティ
2. バリアフリー
3. ユビキタス
4. ユニバーサルデザイン

▼ 人間関係　解答＆解説 ▶

① (1) 8　(2) 9　(3) 6　(4) 5　(5) 3

〈解説〉適応機制—自らの欲求を満たすために環境（特に人間関係や組織など社会的環境）に対して肯定的な反応や評価が得られる—適応—であり、逆に環境に対して有効な働きかけができず否定的評価を受け不適応な状態に対して、自我を守り、欲求不満を回避するために無意識的に対処する仕組みを適応機制（防衛機制）という。

② ①　③　⑤　⑦

〈解説〉（旧）保育所保育指針に示されている「発達の主な特徴」から、遊びの発達に関する部分をまとめると次の表の通りです。

遊びの種類		年齢	遊びの特徴
遊び以前の段階	刺激的段階	おおむね6か月未満児	あやしてもらうと非常に喜ぶ。変化に富む刺激、複雑な刺激を次第に求める。
	外への関心	おおむね6か月〜1歳3か月	捜索活動が活発になり、外への関心を持ち手押し車などを押したりすることを好む。
	人への関心	おおむね1歳3か月〜2歳	友だちと一緒にいることへの喜び、人・物への関心の広がり。
ごっこ遊び		おおむね2歳	模倣、概念化の進み、保母と一緒にごっこ遊びのはじまり。
平行遊び		おおむね3歳	他の子どもとの関係が生まれるが、友だちと遊んだつもりでも平行遊びが多い。
連合遊び		おおむね5歳	2種以上の行動を同時にとれる。仲間とのつながりが強まり、競争心がおき、けんかが多くなる。自然や遊具の特性を知り、関わり方を知る。
共同遊び		おおむね6歳	集団遊びとして組織だった共同遊びが多くなる。役割が分化し、自分たちで満足のいくやりかたでやろうとする。

また、パーテン（Parten, M.）とニューホール（Newholl, S. M.）は乳幼児の発達を遊びを通して社会的行動様式ととらえ、次のように種類分けをしています。

遊びの種類	年齢	遊びの特徴
①何もしない行動	乳児期 生後〜10か月頃	遊び自体ができないし、遊びたいという欲求をもたない。
②一人遊び	1〜2歳	遊びたい欲求、一人で遊具で遊ぶ。一人遊ぶことに満足。
③傍観的遊び	2歳〜3歳	まわりで遊んでいる子どもに関心を持っているが、中に入って遊ぼうとしない。傍らで見ている段階。
④平行遊び	3歳	仲良く遊んでいるように見えるが、一人ひとり別々で、互いにかかわりをもたない段階。集団であるが遊びそのものは一人であるところから、集団一人遊びともいう。
⑤連合遊び	4歳〜5歳	他の子どもたちと一緒に遊び、会話もあり、遊具の貸借もあるが、役割分担まで進まない。
⑥共同遊び	5歳〜6歳	共通した目的をもって遊び、競争やルールを決めたり、リーダー等で遊びが組織化される。役割分担ができる。

（大平勝馬「新版児童心理学」から引用）

人間関係

③ 〈解答例〉４歳児であることを十分念頭において論すことが大切。幼児は成人の是認、否認によって善悪を判断する。つまり大人の言動によって大きく左右される。判断の基準を漸次内面化させるためには、理由に気づかせるような言葉かけが必要である。みんなのものであるという公共心の芽生えを培うという配慮が必要である。

④ ①（ケ）　②（シ）　③（ソ）　④（タ）　⑤（チ）　⑥（エ）
　　⑦（ア）　⑧（イ）　⑨（ク）　⑩（カ）　⑪（キ）　⑫（セ）

〈解説〉子どもと他の子どもとの関係の段階の一部である。幼児の遊びの社会的見地からの発達段階は大まかに以下のように分けられる。

① 何もしない行動……他の子どもが側で遊んでいても無関心で積極的に働きかけることをしない。ただ意味もなくそのまわりにいて、歩き回ったり、じっとしていたりするのみである。２〜３歳児に多い。

② 一人遊び……一人言をつぶやいたりしながら各々一人で遊び、他に働きかけることもせず、他から働きかけられることも好まない。

③ 傍観者的行動……他の子どもの遊びを傍観しているもの。何もしない行動とちがって、他の子どもに話しかけたりはするが遊びには参加しない。

④ 平行遊び

⑤ 連合遊び

⑥ 協同的遊び……ルール（きまり）のある遊びやゲームをしたり、協同して一つのものを作ったりすることで、連合的遊びとはちがって各々が同じ活動をするのではなく、それぞれの子どもが分化した役割をもち、一人か二人のリーダーがグループを統制する。

⑤ 反抗（オ）、（カ）　　けんか（ア）、（キ）　　協力（ウ）、（エ）　　競争（イ）、（ク）

⑥ (A)　① 短時間性……………短くて激しい。
　　　　② 一時性、一過性……その場限りで尾を引かない。
　　　　③ 相互接近の手段……相互の意志や心の接近の手段、コミュニケーションの方法の一つである。
　　　　④ ひんぱん性
　　 (B)　① 子ども同士でなるべく解決させる。
　　　　② 正しく解決できない場合でも、大人の考えを無理に子どもに押しつけず、子どもに納得のいくように導く。
　　　　③ 注意する場合は、それによって子どもが自分の失敗を学んでいくように考慮する。
　　　　④ それぞれの子どもの言い分をしっかりと聞きとめる。
　　　　⑤ けんかの際の指導では、幼児の社会性の発達を促すきっかけを見つけるようにする。
　　　　⑥ けんかの後は、皆で楽しく遊べるようにする。

⑦ ①ケ　②コ　③キ　④イ　⑤ア　⑥ウ　⑦オ　⑧カ　⑨エ　⑩ク

⑧ 1

⑨ ア

人間関係

10　イ　〈解説〉仲間との遊びの種類（パーテン、1932）

分類	内容
専念しない行動	遊んでいるとはいえず、なにかをぼうっとして見ているような行動を指す。自分の身体を軽くふったり、椅子にもたれかかったり、先生をなんとなく追いかけたりすることが多い。
ひとり遊び	集団遊びと「ひとり遊び」を区別するのはむずかしい。ここでは一応、話せる距離に他児はいるが、その子とは違うおもちゃでひとりで遊んでいて、他児と遊ぼうとしない行動を指す。
傍観者遊び	他の子どもの遊びを見て大半の時間を過ごす。見ている対象の子どもに話しかけたりたずねたりすることもあるが、表面上遊びに参加しようとする気配はない。「専念しない行動」との違いは、ずっと特定のグループの様子をうかがっている点である。
平行遊び	複数の子どもが並行して同じ遊びをする状態を指す。そばで同じ遊びをしていても、一緒に遊ばず、自分の遊びを他の子に説明することもない。たとえば、砂場で複数の子が同じようにカップに砂をつめてプリンをつくっている場面がそれに当たる。それぞれの子は自分の遊びに夢中で、隣の子の遊びには関心を示さない。
連合遊び	集団の遊びのひとつで、明らかにグループに属している者の間には共通の行動・興味や仲間意識が認められる。他の子どもといっしょに遊び、共通の話題での会話や遊具の貸し借りもみられる。しかし、遊びでの役割分担や組織化はまだみられない。
協力遊び	グループの役割分担や主従関係での組織化がある程度なされ、特定のものをつくったり何らかの行動をやりとげようという目的が明確である。ルールのあるゲームでは、味方と敵の区別も自覚されている。

11　2

〈解説〉賞賛と叱責でやる気を起こさせることが外発的動機づけの典型である。外発的動機づけから内発的に動機づけられるような配慮が必要である。

12　Ａ―エ　　Ｂ―イ　　Ｃ―ア　　Ｄ―ウ

〈解説〉

・共に考える―相手の立場にたって考え、相手の調子に合わせて考えようとする姿勢

・幼児なりの達成感―教師は幼児が自分の力でやり遂げることが出来るよう、幼児の心に寄り添い、支えることが大切

・心の動きに応答―教師は、心の動きに柔軟な応じ方をする。幼児の心の動きに沿って共に心を動かし知恵を出し合う関わりが求められる。

・幼児の行動に―やたらに励ましたり、誉めたり、つきまとうことではなく、期待をもって見守る。

13　⑦(9)　⑦(7)　⑦(5)　㊀(10)　㊗(1)　㋕(4)　㋖(6)　㋗(2)　㋘(8)　㋙(3)

　　（ただし㋘(3)、㋙(8)でもよい。）

〈解説〉　自立の時期は個人差があり、幼児のおかれた環境によっても、かなりの幅があり、表どおりにはいかないが、指導の際のおおよその目安である。

14　Ａ児に対して：最後まで、あきらめずに走ったことやＣ児に気持ちを伝えられたことを認め、辛かった気持ちに共感し、自信をもてるように励ます。

　　Ｂ児に対して：グループとして負けた悔しい思いをもっていることを認め、泣いたＡ児の辛かった気持ちに気付かせるよう援助したり、気付いた気持ちを相手に伝えられるよう援助したりする。

　　Ｃ児に対して：泣いているＡ児を見過ごさなかったことを認め、自分の行動によってＢ児が泣かせたとみんなに伝えられ傷ついたことに気付かせる。また、Ａ児に励ましの言葉をかけることができたことに気付かせるようにする。

〈解説〉幼稚園教育要領（平成29年3月31日文科告62）では人間関係の内容として「友だちと積極的に関わりながら喜びや悲しみを共感し合う」「自分の思ったことを相手に伝

え、相手の思っている事に気付く」「友だちと楽しく活動する中で、共通の目的を見出し、工夫したり、協力したりする」ということが示されている。この事例はそうした人間関係を育てるいい教材かとおもわれます。

⑮　① 生理的習慣　② 基本的生活習慣　③ 自立心　④ 並行的　⑤ 集団
　　⑥ けんか　⑦ 質問　⑧ 自己中心　⑨ 協同（または協調）　⑩ ごっこ

⑯　イ
　　〈解説〉信頼関係を築く。　幼児の見せる様々な面を受け入れる。
　　　　　　　　　　　　　　情報交換のための方法を工夫する。

⑰　①（ウ）　②（ア）　③（ウ）　④（イ）
　　〈解説〉○積み木の教育的意義は他に
　　　　　　・想像、構成、創造の力を養う
　　　　　　・数量や図形に興味を持ち、理解する能力の芽生えを促す
　　　　　○すべり台では他に
　　　　　　・運動の喜びを満足させる
　　　　　○遠足では他に
　　　　　　・友だちや保育者に対する親近の情を養う
　　　　　　・幼稚園の生活に変化をもたらし、生活を楽しくする
　　　　　○ごっこ遊びでは他に
　　　　　　・友だちとグループを作って協力する態度を養う

⑱　A─エ　　B─ア　　C─ウ　　D─オ　　E─イ

⑲　3
　　〈解説〉カントはドイツの哲学者。「純粋理性批判」で認識は、対象の模写ではなく、意識一般が感覚の所与を秩序づけることによって成立するものであるとし、認識論を体系化した。

⑳　5
　　〈解説〉教育上特別の支援を必要とする児童等については、学校生活だけでなく家庭生活や地域での生活も含め、長期的な視点に立って幼児期から学校卒業後までの一貫した支援を行うことが重要であり、その際、家庭や医療・保健・福祉・労働等の関係機関と連携し、様々な側面からの取組を示した個別の教育支援計画を作成・活用しつつ、必要な支援を行うことが有効です。また、特別な支援を必要とする子どもに対して提供されている「合理的配慮」の内容については、「個別の教育支援計画」に明記し、引き継ぐことが重要です。通常の学級の担任は、校長の指示の下、特別支援教育コーディネーターと連携し、関係機関と連携を図りながら、児童等に対する具体的な支援内容等を記入していきます。

㉑　(1) A（ウ）　(2) B（ア）　(3) A（エ）　(4) C（イ）
　　〈解説〉一般に幼児の問題行動は問題児と区別しなければならない。問題行動をとる幼児は、身体的・気質的要因に基づくもの、知的要因、環境的要因、情緒的要因など原因は様々である。保育者は常に種々の要因を理解し、適切に対処しなければならない。

㉒　① ウ　② ケ　③ ア　④ ク　⑤ イ
　　⑥ オ　⑦ エ　⑧ コ　⑨ キ　⑩ カ

人間関係

23　(ア) ⑤　　(イ) ④　　(ウ) ③　　(エ) ⑧　　(オ) ①

24　5

25　4

人間関係

▲ 4 環境 ▲

① 次の文は幼保連携型認定こども園教育・保育要領の「幼保連携型認定こども園における教育及び保育の基本」の一部です。（　　　）①〜⑤に入れる適切な語句をア〜オから選びなさい。

　保育教諭等は園児との（　①　）を十分に築き、園児らが自ら安心して身近な環境に（　②　）に関わり、環境との関わり方や意味に気づき、これらを取り込もうとして、（　③　）したり、考えたりするようになる幼児期の教育における見方・考え方を生かし、その活動が豊かに展開されるよう（　④　）を整え、園児と共によりよい教育及び保育の環境を（　⑤　）するように努めるものとする。

　　ア　主体的　　　　　イ　環境　　　　　ウ　創造
　　エ　信頼関係　　　　オ　試行錯誤

② 次の文章は、幼稚園教育要領 (平成 29 年 3 月 31 日　文科告 62) 領域「環境」の「内容の取扱い」の一部である。空欄①〜③にあてはまるものを次のア〜クの中から選びなさい。

　幼児が、遊びの中で周囲の環境とかかわり、次第に周囲の世界に好奇心を抱き、その意味や操作の仕方に関心をもち、物事の法則性に気付き、自分なりに考えることができるようになる過程を大切にすること。また（　①　）などに触れて、（　②　）を味わい、（　③　）よりよいものにしようとする気持ちだ育つようにすること。

　　ア　他の幼児の考え　　　　イ　身近な自然
　　ウ　生命を大切にする気持ち　エ　人と関わる力
　　オ　自然に対する畏敬の念　　カ　自分の考えを
　　キ　季節による変化　　　　ク　新しい考えを生み出す喜びや楽しさ

③ 次の A 〜 E は、「児童生徒等の安全を取り巻く現状と課題」のうち、学校における児童生徒等の安全の現状とこれまでの取組に関する内容である。下の 1 〜 6 から誤っているものを全て選んでいる組合せを 1 つ選び、番号で答えよ。

A.　自然災害や学校への不審者侵入事件など、学校内外において突発的に発生し、その後の被害の拡大が予想される事件・事故災害の発生時の安全管理に関しては、学校教育法において、学校が危険等発生時対処要領（危機管理マニュアル）を当該学校の実情に応じて作成することとされている。

環境

B. 成人への安全教育と異なり、子どもへの安全教育は、将来につながる安全意識・能力の基盤を培うものであり、長期にわたる教育の継続によって、次代を担う子どもたちに安全に関する考え方を定着させる効果がある。

C. 学校安全における生活安全、交通安全、災害安全は、いずれも重要な課題であるが、学校の教育活動においては発生した場合に甚大な被害が想定されることを考慮し、特に災害安全を重視した配慮が求められる。

D. 学校や学校の設置者は、安全に関する科学技術の発達や実用化の状況に応じて、緊急地震速報を活用した避難訓練など、従来の訓練に加え、創意工夫を凝らした訓練を取り入れていくことも重要である。

E. 防災教育では、発達の段階に応じて、避難するだけではなく、災害時に児童生徒等がどのような役割を果たしていくかを示していくべきである。このことは、社会貢献に対する意識、社会への帰属意識、社会における存在感の醸成にも役立つ。

1. A B 　　　　　2. A B D 　　　　　3. A C
4. B D E 　　　　5. C D E 　　　　　6. C E

④ 次の（ア）～（オ）の野菜に関係の深いものをA群、B群から選び、番号で答えよ。

㋐ キュウリ　　㋑ ピーマン　　㋒ サツマイモ　　㋓ イチゴ　　　㋔ ブロッコリー

〈A群〉
① アブラナ科　　　② バラ科　　　③ ウリ科　　　④ ヒルガオ科　　　⑤ ナス

〈B群〉
① 根がよく成長するように、空気が多く入る高畝にして育てる。マルチをして汚さないようにつくる。ランナーがある反対側に実がつくので、苗の向きを確認して植えると収穫しやすい。
② 初心者でも育てやすい野菜である。苗も種類豊富で、赤、橙、黄、紫と、色とりどりな品種がある。
③ 茎の頂部につく花のつぼみ状の部分を食べる。苗を大きく育てて畑に定植するとよい。
④ 支柱を立てたらつるを上にはわせ、下のほうは風通しをよくする。時期をずらして何度かつくれば、長く収穫が楽しめる。
⑤ 乾燥に強く、肥料もほとんどいらないので、植えつけたら放っておけばよい。湿気に弱いので、日当たりと風通しを確保する。

⑤ 領域「環境」のねらいは三項目にまとめられている。次の①～④の文のうちで、ふさわしくないものはどれか選びなさい。

① 身近な環境に親しみ、自然と触れ合う中で様々な事象に興味や関心を持つ。

② 身近な環境に自分からかかわり、発見を楽しんだり、考えたりし、それを生活に取り入れようとする。

③ 幼児の生活と関係の深い人たちと触れあい、大人たちの会話の中から、物の性質を知り、それを取り入れようとする。

④ 身近な事象を見たり、考えたり、扱ったりする中で、物の性質や数量、文字などに対する感覚を豊かにする。

⑥ 以下の各文①～⑨は、「環境」の指導に際しての留意点について述べたものである。正しいものには○、正しくないものには×をつけなさい。

① 個々の幼児の興味、関心、理解力などには差があるが、幼稚園教育はあくまでも集団教育の場であるから、自然の指導においても、個別指導は避けねばならない。

② 幼児自身の自然に対する興味と、自然に対するはたらきかけの自発性を尊重し、これを発展させるように努める。

③ 自然に対する幼児の興味や関心は、一時的・散発的であったり、一面的・表面的であったりすることが多いので、幼児の自発性を尊重するよりも、教師の系統的・全面的な指導に従う習慣を身につけさせる方が重要である。

④ 幼児は、生まれながらに思考能力が備わっているので、絵本やテレビ、あるいは、教師の話だけで、たとえばキリンの特性を理解させることができる。

⑤ 幼児は、いまだ抽象的思考能力に欠けているので、具体的な経験と行動とによって知識を深め、思考能力を養う必要がある。

⑥ 直接的経験を教材として自然を理解させることが最も望ましいが、それが困難な場合には、絵本、スライド、図鑑などの間接的経験を教材として代用することも好ましい。

⑦ 「環境」の指導は、あくまでも自然そのものを理解させるところに主眼があるのであるから、人工的環境を工夫したり整備したりする必要はない。

⑧ 幼児の心身の発達は、家庭環境によって多大な影響を受けるので、「環境」理解に関しても、家庭との連絡を密にして、幼稚園で不足するところを補ってもらったり、悪い家庭環境を改善してもらったりする必要がある。

⑨ 幼児は、両親、家庭、教師などから多大の影響を受けやすいので、教師自身が自然現象に強い興味と関心をもち、自然に対して科学的態度を示すことが大切である。

⑦ 次の文は、『幼稚園教育要領』(平成29年3月31日文科告62)の「指導計画作成上の留意事項」の中で述べられたものである。空欄(　　)に当てはまる適切な言葉を、下のア～オの中から一つ選びなさい。

　幼児が様々な人やものとの関わりを通して多様な(　　)をし、心身の調和のとれた発達を促すようにして行くこと。その際、幼児の発達に即して主体的・対話的で深い学び

が実現するようにするとともに、心を動かされる体験が次の活動を生み出すことを考慮し、一つ一つの体験が相互に結び付き、幼稚園生活が充実するようにすること。

ア．体験　　　　　　　　イ．遊び　　　　　　　　ウ．運動
エ．教師の働きかけ　　　オ．専門機関との連携

⑧　幼児は、幼稚園生活の中で様々な環境に触れ、興味や関心をもってかかわり、いろいろな遊びを生み出している。それに対し教師は「幼児と共によりよい環境を創造していく」ことが大切である。

　　4歳児の発達を考えて、短縄を使った楽しい遊びを5例、それぞれの遊び方を簡潔に記せ。また、楽しさのポイントを述べよ。(ただし、一人跳びはできないものとし、安全性などの配慮を十分行うものとする。)

⑨　次の文中の（　　　）内から適当と思われる語句を選びなさい。

　　幼児の自然探求は①（観察・記録・採集）からはじまる。②（観察・記録・採集）するには、③（目・耳・手・足）で④（見る・聞く・さわる・歩く）だけでなく音、におい、味などあらゆる⑤（手段・感覚）を使って、なるべく多くのことを、ありのままにとらえる必要がある。さらに、単に眺めているだけでなく、似たものと⑥（混ぜて・比較して）みたり、⑦（変化・条件・様子）を見たり、量を測定してみたりすれば、⑧（観察・記録・採集）は、よりいっそう興味深く生きる上での原点を確立することになる。

⑩　「川の生きものを調べよう」(環境省水・大気環境局、国土交通省水管理・国土保全局 編)には、川の水質の程度を、きれいな水(水質階級I)、ややきれいな水(水質階級II)、きたない水(水質階級III)、とてもきたない水(水質階級IV)と分類するための指標生物が示されている。次のア〜エの指標生物のグループと水質階級を組合せた場合、正しいものはどれか。1〜5から一つ選べ。

ア〔タニシ類　ミズムシ　シマイシビル　ミズカマキリ　ニホンドロソコエビ〕
イ〔ユスリカ類　アメリカザリガニ　サカマキガイ　エラミミズ　チョウバエ類〕
ウ〔サワガニ　ヘビトンボ　ナミウズムシ　カワゲラ類　ヒラタカゲロウ類〕
エ〔ゲンジボタル　カワニナ類　イシマキガイ　ヤマトシジミ　コオニヤンマ〕

	きれいな水 （水質階級 I）	ややきれいな水 （水質階級 II）	きたない水 （水質階級 III）	とてもきたない水 （水質階級 IV）
1	エ	イ	ウ	ア
2	エ	ウ	ア	イ
3	エ	ウ	イ	ア
4	ウ	エ	イ	ア
5	ウ	エ	ア	イ

⑪　次の（ア）〜（オ）の野菜について、それぞれ適切でないものを①〜④から１つ選び、番号で答えよ。

㋐　サツマイモ
① 10月になると収穫できる。収穫がおくれると、甘みが落ちる。
② やせた土地や天候の悪いときでも元気に育つ。
③ 葉がたくさん茂って元気なのに、イモが大きくならないのは、肥料（チッソ分）が不足しているからである。
④ 夏になると、どんどんつるを伸ばす。

㋑　ジャガイモ
① 種イモから、芽がどんどん出てくる。勢いのよい芽を２本ずつ残して、他の芽ははさみで切り取る。
② 地上部の葉が枯れて黄ばんできたら、収穫の時期である。
③ 種イモをたてに２つに切り、切り口が上を向くように、切った種イモを植える。
④ ナス科の植物である。

㋒　ニガウリ
① 黄色くならないうちに、収穫する。
② グリーンカーテンとして利用されるほど高温乾燥に強い。
③ 病気には非常に強く、ほとんど薬剤散布は必要ない。
④ ナス科の植物である。

㋓　ミニトマト
① 全体が赤く色づいたら収穫する。取り遅れると実が割れたり、落果したりする。
② 高さが20cmぐらいになったら、支柱を立てる。
③ 同じナス科の野菜を栽培した場所でも、連作障害発生のリスクは高まらない。
④ 原産地であるアンデス地方の気象と同じように、日当たり、風通し、排水のよいところが適地である。

環
境

㋺　ピーマン

①　辛味のない大果系品種を「パプリカ」と呼ぶ。

②　日当たりがよく、水はけ、水もちのよい肥沃な場所を好まず、土質をあまり選ばない。

③　ナス科の野菜を栽培した跡地での連作は、生育障害を伴い、病害発生の要因ともなる。

④　果実は完熟するにしたがって、緑色から赤や黄色に変わってくる。

⑫　次のＡ群に示す各条件に適する植物を、すべてＢ群の中から選びなさい。

〈Ａ群〉

①　春に咲くもの　　　　②　夏に咲くもの　　　　③　秋に咲くもの

④　水ぎわに適するもの　⑤　水中に適するもの　　⑥　乾燥地に適するもの

〈Ｂ群〉

(a)　ハナショウブ　　(b)　パンジー　　(c)　サボテン　　(d)　スミレ　　(e)　ヒナギク

(f)　タンポポ　　(g)　コスモス　　(h)　ツツジ　　(i)　マツバボタン　　(j)　ハス

(k)　スイレン　　(l)　ススキ　　(m)　トリカブト　　(n)　チューリップ　　(o)　カキツバタ

(p)　キク　　(q)　ひまわり　　(r)　ウキクサ　　(s)　アサガオ　　(t)　ダリア

環境

⑬　次の各文は、交通ルール及び交通安全に関する記述である。内容として正しいものを選びなさい。

A　自転車は、道路標識等により認められている場合を除き、他の自転車と並進することは禁止されている。

B　自転車は、交通整理が行なわれていない交差点又はその手前の直近において、道路標識等により一時停止すべきことが指定されているときは、道路標識等による停止線の直前（道路標識等による停止線が設けられていない場合は、交差点の直前）で一時停止しなければならない。

C　自転車は、前輪または後輪のどちらかにブレーキを備え付けていなければならない。

D　自転車は、走行中も道路交通法において歩行者と同じ扱いとなっており、歩道と車の区別のあるところでは原則として歩道を走行しなければならない。

E　自転車走行時は、巻き込まれ事故等に遭わないために、自動車には構造上運転席から見えない死角という領域や、曲がる際には後輪が必ず前輪より内側を通る内輪差があるということに注意しなければならない。

⑭　次の各文は、飼育・栽培について述べたものである。正しいものには○、正しくないものには × をつけなさい。

① 動物を恐がる幼児には、飼育の活動をさせない方がよい。

② 動植物への関心や愛情を培う。

③ 幼児はあらゆる動植物に興味や関心を抱くから、飼育・栽培の対象はいかなるものでもよい。

④ 動物は死ぬものであり、死は幼児に悪い影響を与えるので生きものは飼わない方がよい。

⑤ 危険や害毒のない安全な動植物を対象とする。

⑥ 飼育・栽培を通して科学的な見方や考え方を身につけさせる。

⑦ 飼育や栽培は手間と労力のいる仕事なので、教師がやって見せて、幼児は見学する。

⑧ 幼稚園の施設と設備内で飼育・栽培できるような対象を選ぶ。

⑨ 保育者自身が、動植物や自然に対する保護や愛護の態度を示す。

⑩ 幼児は、動植物に対する好き嫌いが激しいので、各幼児の好きな対象や活動だけを選んでやる。

環境

⑮　次の (A)・(B) の設問に答えなさい。

(A)　アサガオを栽培するとき、どんな順序で作業したらよいか。正しい順序を、下の組み合わせ(1)〜(5)から選べ。

　(ア) 種をまく　　(イ) 培養土や肥料を土に混ぜる　　(ウ) 間引きする
　(エ) 種子の選択　　(オ) 支柱をたてる　　(カ) 移植する　　(キ) 雑草を取り除く

　　(1) (エ)－(ア)－(キ)－(ウ)－(イ)－(カ)－(オ)
　　(2) (エ)－(ア)－(イ)－(ウ)－(カ)－(オ)－(キ)
　　(3) (エ)－(イ)－(ア)－(ウ)－(カ)－(オ)－(キ)
　　(4) (エ)－(イ)－(ア)－(キ)－(ウ)－(カ)－(オ)
　　(5) (エ)－(イ)－(キ)－(ア)－(ウ)－(カ)－(オ)

(B)　アサガオ栽培の作業のポイントを簡単に述べなさい。

　① 種子の選択　　② 培養土の準備　　③ 種子をまく　　④ 間引き
　⑤ 移植　　⑥ 仕立て

⑯　次の各文は、天気予報などでよく用いられる用語に関する記述である。A〜Eで述べられている用語を、それぞれ下のア〜コから選ぶ場合、正しい組合せはどれか。1〜5から一つ選べ。

A　湿った空気が山を越える時に雨を降らせ、その後山を吹き降りて、乾燥し気温が高くなる現象。ヨーロッパアルプスの山中で吹く局地風が名前の由来である。

B　積雲や積乱雲から生じる強い下降流で、地面に衝突し周囲に吹き出す突風である。地上では、発散性の突風やしばしば強雨・ひょうを伴う。

C　晩秋から初冬の頃の暖かく穏やかな晴天。低気圧が過ぎ去ったあとなどに、移動性高気圧に覆われた気圧配置の時に現れる。

D　夏から秋への季節の移行期に、日本付近に出現して、長雨をもたらす停滞前線。台風の影響でこの前線が活発になり、大雨による被害をもたらすこともある。

E　人工熱や都市環境などの影響で都市域が郊外と比較して高温となる現象。都市化の進展に伴い顕著になりつつあり、生態系の変化も懸念される。

ア　さつき晴れ　　　イ　閉塞前線　　　ウ　フェーン現象　　　エ　秋雨前線
オ　小春日和　　　　カ　春一番　　　　キ　竜巻　　　　　　　ク　ダウンバースト
ケ　熱帯夜　　　　　コ　ヒートアイランド

	A	B	C	D	E
1	ク	カ	オ	イ	ケ
2	ク	キ	ア	エ	コ
3	ウ	ク	オ	エ	コ
4	カ	ク	ア	イ	ケ
5	ウ	キ	オ	エ	ケ

⑰　次の①〜④の各設問に答えなさい。

①　動物の冬眠とは、どのような状態を示すのか、簡単に述べなさい。
②　次にあげた動物のうち、冬眠しないものを二つ選び、記号で書きなさい。
　(a)　カエル　　　　(b)　ウサギ　　　　(c)　ヒグマ　　　　(d)　シマリス
　(e)　ヘビ　　　　　(f)　カメ　　　　　(g)　トカゲ　　　　(h)　ニワトリ
③　(a)　カエルなどのように外界の温度によって体温が変わる動物、
　　(b)　ヒグマなどのように、ある程度一定の体温を保っている動物を、それぞれ何と呼ぶか。
④　「冬眠」を取りあげる場合、どのような動物をとりあげ、どのような指導をするのが良いか、簡単に述べなさい。

⑱　次の文の(A)～(D)は、それぞれ鳥についての説明である。あてはまる語を(ア)～(エ)の中から選べ。また、(a)～(f)のそれぞれの鳥は(ア)～(エ)のどれにあてはまるか答えなさい。

(A)　日本より北の方で繁殖して、秋に日本にやって来て、日本で冬を越す鳥。
(B)　一年中、大体同じところに住んでいて渡りをしない鳥。
(C)　春から夏の間に日本で繁殖し、夏の終わり頃から秋にかけて南の国へ帰ってゆく鳥。
(D)　冬をあたたかい平地で過ごし、夏は近くの山の中に入る鳥。

　　(ア)　冬鳥　　　(イ)　夏鳥　　　(ウ)　留鳥　　　(エ)　漂鳥

　　(a)　スズメ　(b)　ツル　(c)　ツバメ　(d)　カラス　(e)　ヒバリ　(f)　ウグイス

⑲　園外保育の際、有害動物や有毒植物に注意しなければならない。下記の中から、有害有毒な動植物をあげなさい。

(1)　アオダイショウ　　(2)　ヒガンバナ　　(3)　ムカデ　　(4)　マムシ
(5)　カツオノエボシ　　(6)　ハナウツキ　　(7)　オタマジャクシ　　(8)　キョウチクトウ
(9)　カタツムリ　　(10)　ウルシ

⑳　次の(1)～(3)は、「安全に関する教育の充実方策」として、学校に求められる役割について述べた内容である。(ア)～(エ)に当てはまる語句を下の語群からそれぞれ1つずつ選び、番号で答えよ。

(1)　日常生活における事件・事故、自然災害などの現状、原因及び防止方法について理解を深め、現在や将来に直面する安全の課題に対して、的確な（　ア　）に基づく適切な意思決定や（　イ　）ができるようにすること
(2)　日常生活の中に潜む様々な危険を（　ウ　）し、自他の安全に配慮して安全な行動をとるとともに、自ら危険な環境を改善できるようにすること
(3)　（　エ　）を尊重し、安全で、安心な社会づくりの重要性を認識して、学校、家庭及び地域社会の安全活動に進んで参加し、貢献できるようにすること

(語群)
　　1. 自他の生命　　　2. 基本的人権　　　3. 他者の意見　　　4. 事後対応
　　5. 行動選択　　　　6. 防災管理　　　　7. 調査　　　　　　8. 回避
　　9. 予測　　　　　　10. 事前計画　　　　11. 情報収集　　　12. 思考・判断

環
境

21　次の㋐〜㋔の植物の説明としてふさわしいものをＡ群、Ｂ群から選び、番号で答えよ。

㋐　ドングリ　　㋑　ミツバアケビ　　㋒　ナズナ　　㋓　スギナ　　㋔　タンポポ

〈Ａ群〉

① ペンペン草ともよばれる。花がさくまえの葉はたべられる。春の七草のひとつ。

② ツクシと地下でつながっている。

③ ブナ科の木の実。かぶっているおわんのようなものを殻斗という。

④ 花は朝ひらき、夕方とじる根に養分をたくわえ、毎年大きくなる。

⑤ 熟すと、大きくたてにわれる。中の白いところをたべる。

〈Ｂ群〉

① 昔からつる細工によくつかわれてきた。

② 大きめのものを用意し、きりであなをあける。あなにつまようじをさしこむ。

③ くきを適当な長さにきって、吹く。長さによって音がかわる。

④ ふしのどこか一か所でぬいて、もう一度のせる。どこでぬいたかあてっこする。

⑤ 実をひとつずつひっぱって、ひきさげる。くきとつながったまま、ぶらさがるように。ぜんぶできたら、耳もとでくきをくるくるまわしてみる。

22　次の表は、月別に年間の課題（動物）をあげたものである。年長組（５歳児）を対象とすると、それぞれどんなねらいが考えられるか。最も中心となるねらいを一つずつあげなさい。

	課　題	中心的なねらい
4	身近な動物	①
5	オタマジャクシとカエル	②
	小鳥	③
6	亀の産卵	④
7	いろいろな虫	⑤
8	さかな	⑥
9	秋の虫	⑦
10	動物園	⑧
11 12	冬ごもり	⑨
1 2 3	冬のわたり鳥	⑩

23　保育中に地震が起きたら、あなたはどんな指導をするか。あなたの考えを簡単に述べなさい。

環境

24 次のＡ群に示した事柄に最も適当と思われるものをＢ群から選び、記号で記入しなさい。

〈Ａ群〉　　① 一つの細胞からできている生物
　　　　　　② 多くの細胞が集まってできている生物
　　　　　　③ 親の特徴が子どもに受け継がれていくこと
　　　　　　④ 親の生殖細胞をとおして、親の特徴を子どもに伝えるもの
　　　　　　⑤ 生物のからだが成長するために、細胞が行う活動

〈Ｂ群〉(a) 細胞分裂　　(b) 単細胞生物　　(c) 多細胞生物
　　　　(d) 遺伝子　　(e) 遺伝　　(f) 受精

25 次の文は、「環境教育指導資料【幼稚園・小学校編】」(平成 26 年 11 月 10 日) に述べられているものである。㋐〜㋒ にあてはまる適切な語句を①〜⑨から選び、番号で答えよ。

　　社会の変化に伴う子どもの(ア)などの機会の減少等を考えると、学校内外を通じて子どもの多様な(イ)の充実を図ることが求められている。環境教育においては、(イ)が学習活動の根幹となっていると言っても過言ではない。特に、幼稚園・小学校の段階においては、(イ)が遊びや学びの土台・出発点となり、感性を働かせ、(ウ)を促進し、興味・関心を高め、知の実践化を確かなものにしていく。すなわち、(イ)は、子どもの学びと成長の過程全体において重要なものと言える。

① 直接的な　　② 問題解決　　③ 自然体験　　④ 自発的な　　⑤ 感動体験
⑥ 課外活動　　⑦ 体験活動　　⑧ 知識　　　⑨ 面白さやすばらしさ

▼ 環境　解答 & 解説 ▼

1　①　エ　　　②　ア　　　③　オ　　　④　イ　　　⑤　ウ

2　①　ア　　　②　ク　　　③　カ

3　3

〈解説〉A　学校教育法→学校保健安全法

　　　　C　発生した場合の甚大な被害が想定されることを考慮し、特に災害安全を重視した配慮が求められる→いずれも重要な課題であり教育活動において、いづれかに偏ることのないよう十分な配慮がもとめられる。

4

	(ア)	(イ)	(ウ)	(エ)	(オ)
A 群	③	⑤	④	②	①
B 群	④	②	⑤	①	③

5　③

6　①　×　　②　○　　③　×　　④　×　　⑤　○　　⑥　○　　⑦　×　　⑧　○　　⑨　○

7　ア

8

遊び方	楽しさのポイント
縄を床につなげて並べ、一本道わたり	道から外れないようにバランスをとって歩いたり走ったりする。慎重さとスピード感
まるく輪のように置いて、ウサギになってリズムにあわせて両足を揃えて出たり入ったりジャンプする	リズミカルな動きと表現遊びの楽しさ
長く・短く、縄の持ち方を変えて上・下・横でまわす	ヘリコプター・花火・カウボーイなどに見立てて遊びと縄の動きの変化のおもしろさ
両端を二人で、持って床でクネクネと蛇のように動かして飛び越える。引っかかれば縄をもつ役と交代	蛇に見たてた遊びのスリルとタイミングよく跳べた達成感
くくった縄を頭や肩、背中、腕、足首などに乗せて運ぶ(音楽に合わせたり、競争などゲーム化する)	落とさないように運ぶ工夫や友だちと競う楽しさ

9　①　観察　　②　観察　　③　目　　④　見る　　⑤　感覚　　⑥　比較して

　　⑦　変化　　⑧　観察

〈解説〉教師は、幼児に科学的なものの見方を教えるだけでなく、教師自身が科学的なものの見方ができなくてはならない。教師の態度は、幼児に強い影響を及ぼします。

10　5

11　(ア)　③　　　(イ)　③　　　(ウ)　④　　　(エ)　③　　　(オ)　②

12　①　(a)(b)(d)(e)(f)(h)(n)　　　②　(j)(i)(k)(o)(q)(s)(t)

　　③　(g)(l)(m)(p)　　　④　(a)(o)　　　⑤　(j)(k)(r)　　　⑥　(c)(e)(i)

13　A　B　E

〈解説〉　自転車は道路交通法上は軽車両となっています。したがって、他の車両と同様に、道路標識・標示のあるところでは従う義務があります。ブレーキは走行中容易に操作できる位置にあること。最近自転車による事故が多発しています。機会をみて幼児、保護者に

環境

注意を促すことが大切です。

14 ① ×　　　② ○　　　③ ×　　　④ ×　　　⑤ ○
　　⑥ ○　　　⑦ ×　　　⑧ ○　　　⑨ ○　　　⑩ ×

15 (A) (3)
　　(B) ① 新しい種子を一日水に入れ、底に沈んだ大きな重い種子を選ぶ。
　　　　② 腐葉土と畑土を等量に混ぜる。
　　　　③ 時期は五月上旬で、深さ約 1.5 cm 程度の穴にまく。土をかぶせ水を十分与える。
　　　　④ 本葉が二枚でたら 15 cm 位の間隔にして、間引く。
　　　　⑤ 双葉から本葉が4、5枚出るところまでに根をいためないように移植する。
　　　　⑥ つるが伸びだしたら細い竹などの支柱を立ててそれに巻くようにする。

16 3

17 ① 動物が冬の低温のもとで食物をとらず、運動もせずに静止している状態をいう。
　　② (b) (h)　　③ (a) 変温動物　(b) 恒温動物
　　④（解答例） 身近にいるカエルやカメをとりあげる。（導入）冬になり池に氷がはって
　　　いるが、夏に池にいたカエルやカメはどうしているのだろう。（展開）紙芝居にして
　　　説明する。幼児が描いた絵をもちいるとよい。
　〈解説〉ヒグマは、冬の穴の中で冬眠するが、体温は降下しない。したがって、冬眠中も
　恒温で、刺激されるとすぐ目覚めて活動できる。タヌキ、穴グマ、スカンクなどはこの仲
　間である。

18 (A) (ア)　　(B) (ウ)　　(C) (イ)　　(D) (エ)
　　(a) (ウ)　　(b) (ア)　　(c) (イ)　　(d) (ウ)　　(e) (エ)　　(f) (エ)

19 (2) (3) (4) (5) (8) (10)

20 ア 12　　イ 5　　ウ 9　　エ 1

21
	(ア)	(イ)	(ウ)	(エ)	(オ)
A群	③	⑤	①	②	④
B群	②	①	⑤	④	③

22 ① 動物に親しむ（動物の世話を上手にする）。
　　② 成長していく過程での変化に気づく（オタマジャクシやカエルをかわいがる）。
　　③ スズメやツバメなどの生活に関心をもつ。
　　④ 近くで物音がすると、亀は産卵をやめてしまう。幼児は、そこから相手（かめ）の
　　　立場に対する配慮を学ぶ。
　　⑤ 探したり、つかまえたりしながら虫の姿や生活に気づく（命の尊さを気付かせる）。
　　⑥ 水の中で生活する動物たちの姿や生活に関心をもつ。
　　⑦ 虫の鳴き声の美しさに気づく（自分で探したり、つかまえたりする）。
　　⑧ いろいろな動物の姿や生活に興味や関心をもち、比べたり、仲間にしたりする。
　　⑨ 寒さに向かって、動物たちの生きる姿をみたり、いたわったりする。
　　⑩ 冬にやってくる鳥がいることに気づく（生活に関心をもつ）。
　〈解説〉 身近な自然の中で、動物が幼児の興味や関心を最も引くものである。幼児は、動物を
　人間と同一視するが、このことで動物への思いやりや愛情を育てることができるのである。

環境

23　〈解答例〉　テーブルの下に避難させたあと、ストーブなど火の始末をし、窓をあけ非常
　　　　　　　　口をあける。職員室から通報があるまで待機し、子どもたちに恐怖を与えな
　　　　　　　　いように、落ち着いて行動することが大切である。

24　①　(b)　　　②　(c)　　　③　(e)　　　④　(d)　　　⑤　(a)

25　ア　3　　　イ　7　　　ウ　2

5 言 葉

① 次の文で、正しいものを選びなさい。

① 幼児は音声を聞くことからはじまり、そのあとで口に出して発音するようになる。
② 母音は子音にくらべて早く習得される。
③ 知的発達と言語の発達とは必ずしも密接な関係はない。
④ 無理に言葉を教えたりすると、かえって無口にさせたり、適応障害を引き起こすことがある。
⑤ 乱暴な言葉づかいや性的な言葉は、強制的な言葉を使ってでも指導すべきである。
⑥ 一般に男児よりも女児の方が、言語能力の発達が早いとされている。
⑦ 一語文はおおむね2歳すぎの幼児に多く用いられる。
⑧ おおむね4歳後半には、文字に対する興味が芽生えてくる。

② 次の各文の空欄に適切な語句を記入しなさい。

　　幼児が会話するとき、相手がそこにいるからしゃべっているだけであって、相互に正しく伝えたり、理解し合ったりしようと努めない。こういう言葉は（　①　）と呼ばれ、子ども特有の（　②　）のあらわれとみなすことができる。しかし、幼児が困難な場面を切り抜けようと努めているときにも、一人言がしばしば出現する。この場合には、幼児は言葉を思考の道具として用いているのである。それは、伝達の言葉である（　③　）から、心の中で自問自答をおこなう（　④　）への過渡的形態とみなすことができる。一人言の音声が消えていくのは、（　⑤　）以降である。

③ 次の文章は、「幼児期から児童期への教育」（国立教育政策研究所教育課程研究センター平成17年2月）から作成した、入園して間もない満3歳児4月の事例である。
　　幼稚園教育要領（平成29年3月告示）領域「言葉」の面から、この事例においてふさわしい教師のかかわりをA、その教師のかかわりに関する説明をBにおいて選択し、幼稚園教育要領（平成29年3月告示）領域「言葉」の内容についての記述として正しいものをCから選択したとき、正しいものの組合せはどれか。1～5から一つ選べ。

事例（満3歳児　4月）
　　入園して2週間。幼稚園生活に安定していく姿は一人一人異なるが、教師が絵本を読み聞かせるひとときはみんな大好きで、そのときには喜んで教師の前に集まってくる。これは、タヌキが友だちの様々な色の風船を取ってしまう絵本を、幼児たちが興味深く見ていたときのことである。
　　タヌキがみんなの風船を集めてしまった場面になると、一人の幼児が「僕、赤が好き」

と立ち上がって言う。すると、幼児たちは「私は黄色がほしい」「私が黄色」「僕、青がいいな」「レッドのシャツ、持っているよ」「○○レッドって、一番強いんだよ」と思い付いたことを次々に言い出し、絵本の読み聞かせどころではなくなってしまった。

A〈事例における教師のかかわり〉

　ア　しばらくの間絵本を読むことをやめて、幼児たちのおしゃべりに付き合うことにした。幼児たちが一通り自分の思いを言った後に、教師が「さあ、タヌキさん、どうしたかな」と、再び絵本を取り出し、読み進めていった。
　イ　教師は絵本を読むのをいったん止め「立ち上がっておしゃべりするのはいけません」と話を遮り、立ち上がって話す幼児に注意を促した。そして「今は絵本を見るときですね。静かに見ましょう」と全員に声をかけ再び絵本を取り出し、読み進めていった。

B〈事例における教師のかかわりに関する説明〉

　ウ　幼児の素朴な表現そのまま受け止め、応じていく教師の存在がなにより重要である。幼児の気持ちを受け止める教師のまなざしや表情、醸し出す雰囲気、言葉などに支えられて、幼児は自分の思いを安心して言葉に表すようになる。
　エ　幼児は、人の話をよく聞くことで、自分の話をしようとする気持ちになることから、まずは教師の話を聞く態度を身につけることが第一である。そのためにも言葉でよくわかるように指示を出し、話を聞く態度を身につけさせることで、幼児は自分の思いを表現できるようになっていく。

C〈幼稚園教育要領(平成29年3月告示)領域の内容〉

　オ　友だちと楽しく生活する中できまりの大切さに気付き、守ろうとする。
　カ　先生や友だちの言葉や話に興味や関心をもち、親しみをもって聞いたり、話したりする。
　キ　よいことや悪いことがあることに気付き、考えながら行動する。

	A	B	C
1	ア	ウ	オ
2	イ	エ	キ
3	ア	ウ	キ
4	イ	エ	オ
5	ア	ウ	カ

言
葉

④ 次の文は、童話「３匹の子ぶた」の内容の要点である。３歳児に話して聞かせる場合に、省略してかまわないと思う内容に○をつけなさい。

(1) わらで家を建てた子ぶたのところへ、狼がきて家をこわしてしまう。
(2) 木の枝で家を建てた二番目の子ぶたのところへ、狼がきて、同じように家をこわしてしまう。
(3) 三番目の子ぶたはレンガで家を造ったので、狼はこわすことができない。
(4) 狼は三番目の子ぶたを誘い出そうとするが失敗する。
(5) ふたたび狼は別の手段で子ぶたを誘い出そうとするが、またもや失敗する。
(6) 狼の三度の誘い出しも失敗に終わる。
(7) 子ぶたを食べるため、狼はレンガの家のエントツから入り、火の中へ落ちてしまう。

⑤ ア～オの各文のうち、幼稚園教育要領解説（平成 30 年 2 月） 領域「言葉」の内容の取扱いについての記述として正しいものの組合わせはどれか。1 ～ 5 から一つ選べ

ア 幼児が言葉を使って表現することを楽しむようになるためには、単に言葉を覚えさせるのではなく、日常生活の中で見たり、聞いたりしたこととそのときに聞いた言葉を重ね合わせながら、意味あるものとして言葉に出会わせていくことが望ましい。
イ 絵本が幼児の目に触れやすい場に置かれ、落ち着いてじっくり見ることができる環境があることで、一人一人の幼児と絵本との出会いは一層充実したものとなっていく。そのために、保育室における幼児の動線などを考えて絵本のコーナーを作っていくようにすることが求められる。
ウ 幼児期の発達を踏まえて、言葉遊びを楽しむことも、いろいろな言葉に親しむ機会となる。例えば、リズミカルな節回しの手遊びや童謡を歌うことは、体でリズムを感じながらいろいろな言葉を使って表現する楽しさにつながる。
エ 幼児期における数量や文字に関する指導は、確実に数を教えられたり、文字を正確に読めたり、書けたりすることを目指すものではない。幼児期に大切にしたいことは、習熟の指導に努めるのではなく、幼児が興味や関心を十分に広げ、数量や文字に関わる感覚を豊かにできるようにすることである。
オ 幼児の興味や関心の状況は年齢による差が大きいことに配慮し、生活と切り離した形で覚え込ませる画一的な指導ではなく、年齢に応じて、文字を読んだり書いたりする楽しさを感じる経験を積み重ねていくことが大切である。

① ア イ ウ ② ア イ エ ③ ア ウ オ
④ イ エ オ ⑤ ウ エ オ

言葉

6　幼児の言葉の大きな特質としてA．生活語、B．話し言葉、C．具体性が考えられるが、次の三つの文はそのどれにあてはまるか、記号で答えよ。また、文の空欄に適する言葉を下群より選び、答えなさい。

①　日常生活の場で使用されている言葉で、幼児は自分のおかれている（　a　）の中で使われている言葉を（　b　）する。すなわち、幼児の言葉は、その国の幼児が育っている（　c　）で使われ、いつも耳にしている言葉である。

②　幼児は黙って（　d　）に思考することが困難であり、幼児の言葉はそのまま（　e　）や動作と結びついているといわれる。すなわち、言葉を口にしながら、幼児は自分の行動を計画したり（　f　）したりする。このような言葉の働きは、（　g　）場面における幼児の（　h　）などにみられる場合が多い。

③　文字言葉に対していわれるもので、（　i　）から（　j　）へ伝えられ、言葉として最も（　k　）なものである。幼児期は、この言葉を習得する時期であり、この基礎の上に（　l　）学習が可能になる。

(イ) 自由遊び　　(ロ) 口　　(ハ) 抽象的　　(ニ) 環境　　(ホ) 耳　　(ヘ) 地方　　(ト) 本質的
(チ) 調整　　(リ) 行動　　(ヌ) 習得　　(ル) 一人言　　(ヲ) 文字

7　次の文は子どもに紙芝居をするにあたっての必要な留意点である。誤ったものを一つ選びなさい。

1　表情豊かに表現できるように、読み方を工夫する。
2　観客である子どもの年齢を配慮して作品を決める。
3　子どもの人数に関係なく、紙芝居のサイズを決める。
4　いつ、紙芝居をするのかを保育の計画にいれる。
5　絵を抜くタイミングに留意し、場面転換を効果的に行う。

言
葉

8　次の（ア）～（オ）は絵本の書名である。それぞれの絵本の一部分を A 群から、作者名を B 群から選び、番号で答えよ。

（ア）いたずらラッコとおなべのほし　　（イ）そらいろのたね
（ウ）おしゃべりなたまごやき　　　　　（エ）ぐるんぱのようちえん
（オ）おたまじゃくしの 101 ちゃん

A 群
①　「しまった。かぎなんかもっていたら、とをあけたことが、わかっちゃうな。ええい、こんなもの、すててしまえ」
②　「あいてはつよいから、しっかり　かたまってスクラムだ。」「それいけ、おかあさんをたすけにいけ！」

③ うみぜんたいが　ぐらぐらと　ゆれたかと　おもうと、いなずまのようにひかる　大きなものが、おちかかってきました。

④ きつねも　やってきて、「うわあすごい！　なんておおきいうちだろう！」と、めをまるくしました。

⑤ みいちゃんは　きゅうに　ほっとして、ぼろんと　ひとつ、がまんしていたなみだがおっこってしまいました。

⑥ ほんとに　がっかりして　びすけっとと　おさらと　くっと　ぴあのを　すぽーっかーに　のせて　でていきました。

B群
① 西内　みなみ　さく　　堀内　誠一　え
② なかがわ　りえこ　文　　おおむら　ゆりこ　絵
③ 寺村　輝夫　作　　長　新太　画
④ 神沢　利子　文　　長　新太　絵
⑤ かこ　さとし　絵と文
⑥ 筒井　頼子　さく　　林　明子　え

⑨　洗うことを「きれいきれい」と言ったり、正確には「せんせい」と発音するところを「テンテイ」と言ったりするような、幼児期特有の言葉づかいをあらわした用語として最も適切なものを、次のア〜エの中から一つ選んで記号で答えなさい。

　　ア　反響言語　　　　イ　スキーマ　　　　ウ　スクリプト　　　　エ　幼児語

⑩　次の文は、「子どもを取り巻く環境の変化を踏まえた今後の幼児教育の在り方について」（中央教育審議会）の一部である。（　　　）に入れる適切な語を下群から選びなさい。

　遊びを通して（　①　）幼児期の教育活動から（　②　）が中心の小学校以降の教育活動への（　③　）な移行を目指し、幼稚園等施設と小学校との（　④　）を強化する。特に、子どもの（　⑤　）や学びの連続性を確保する観点から連携・接続を通じた（　⑥　）と小学校教育双方の（　⑦　）の向上を図る。具体的には、幼児教育における（　⑧　）、指導方法等の改善等を通じて（　⑨　）の基礎となる幼児教育の成果を（　⑩　）に効果的に取り入れる方策を実施する。

　　ア　質　　イ　生きる力　ウ　小学校教育　エ　学ぶ　　オ　円滑　カ　教科学習
　　キ　連携　ク　発達　　　ケ　幼児教育　　コ　教育内容

⑪　幼児に接する態度として、次のうち正しいものに○を、誤っているものには×をつけなさい。

1　幼児の話はどんなつまらないことでも、最後まで聞くようにする。
2　むずかしいことが起こったときは、感情的な態度で処理する。
3　まちがいを直してやることが必要な場合は、あとでゆっくりとその誤りを直すようにする。
4　幼児が転んだときは、すぐ抱きおこしてちりを払うようにする。
5　常に子どもと行動をともにしながら、全体の子どもに目を通している。

⑫　次に示すのは、幼児の言語発達の段階の特徴である。どの時期の特徴を表しているか。時期名を（　）内に書きなさい。

(1)（　　）一語にいろいろな内容や意味を含めて使う。
(2)（　　）言葉の意味を知ろうと質問する。抽象的な意味の漢字も使えるようになる。
(3)（　　）盛んにものの名前を聞きたがる。
(4)（　　）語いも豊かになり、文章の構成力もつく。しかし、文を「……テ……テ」と長文にしてしまう。
(5)（　　）使える語数も 1000 語ぐらいになり、個々の発音の他人への通じ方も完全に近い。
(6)（　　）「こうだからこうだ」という「こうだから」を述べる従属文が言えるようになる。
(7)（　　）喃語を発声し自分の耳で聞いて楽しむ。
(8)（　　）自由にお話ができる。
(9)（　　）話す対象の「もの」と、自分の要求する気持ちを表す言葉に分けて言えるようになる。
(10)（　　）接続詞が使えるようになるため、一回に話す言葉が非常に長くなる。

⑬　次の文の空欄に、下の①〜⑧の中から適当なものを選び、その番号を記入しなさい。

幼児は幼稚園の生活の中で、教師や（　ア　）との話し合いを通して、（　イ　）に必要な言葉を使いなれるようになるのですが、教師は常に個々の幼児の言葉に注意して、幼児が（　ウ　）話しやすいような雰囲気をつくるとか、幼児の正しい（　エ　）を認めることによって、次第に正しい言葉で（　オ　）しようとする気持ちを起こさせます。また、幼児が興味をもって遊ぶ、（　カ　）や電話ごっこなどによって、話し言葉が幼児のものになりきって身についてきます。

①　表現　　②　両親　　③　友だち　　④　話し言葉　　⑤　ままごと
⑥　水遊び　　⑦　気楽に　　⑧　日常生活

⑭ 絵本について記した下の事項に該当すると思われる年齢(イ. 3歳〜4歳、 ロ. 5〜6歳)を、〔　〕の中に記号で記入しなさい。

(1) 〔　〕物語の展開が連続する絵で描かれている。
(2) 〔　〕文字が大きく、はっきり印刷されていて、正しく表記されている。
(3) 〔　〕食事、着衣、清潔などに関した幼児の日常生活の一コマがかかれている。
(4) 〔　〕内外の古典的な童話がやさしく再現されている。
(5) 〔　〕絵の一面が一つのまとまりをもっていて内容的に完結している。

⑮ 次の (A)・(B) の設問に答えなさい。

(A) 擬態語とは何か。具体例をあげて簡単に説明せよ。
(B) 流行語をむやみに使う幼児に対して、あなたはどう考え、どう指導するか。

⑯ 次の文は『幼稚園教育要領』(平成 29 年 3 月 31 日文科告 62)「第 2 章ねらい及び内容」の一部です。文中の (①) から (③) に当てはまる語句の組み合わせとして最も適切なものを、下のア〜エの中から一つ選んで記号で答えなさい。

(①) の中で数量や図形、標識や文字などに親しむ (②) を重ねたり、標識や文字の役割に気づいたりし、自らの (③) に基づきこれらを活用し、興味や関心、感覚をもつようになる。

	①	②	③
ア	遊 び	意 欲	感 覚
イ	日常生活	意 欲	能 力
ウ	遊 び	必要感	能 力
エ	遊びや生活	体 験	必要感

⑰ 読書レディネス期は次のうちどれにあたるか、番号で答えなさい。

(1) 3歳半頃から就学前後まで　　(2) 4歳半頃から就学前後まで
(3) 5歳半頃から就学前後まで

言葉

⑱　次の文は、フレーベル (Fröbel, F. W.) に関する記述である。<u>不適切な記述</u>を一つ選びなさい。

1　「あらゆる善の源泉は遊戯の中にあるし、また遊戯から生じてくる」として、遊戯 (遊び) の重要性を述べた。

2　子どものすべての活動は神的なものの自己表現であり、創造的な活動であるとした。

3　「頭と心と手」に象徴される精神力、心情力、技術力という3種の根本的な能力を調和的に発達させることが教育の課題であるとした。

4　家庭教育を向上させるために母親のための教育書『母の歌と愛撫の歌』を著した。

5　幼児のための教育遊具を考案、製作し「恩物 (Gabe) 」と名付けた。

⑲　次の文は、幼稚園教育要領（平成29年3月31日文科告62）の教育課程編成上の「留意事項」で述べられているものである。正しくないものを選びなさい。

(1)　安全に関する指導に当たっては、情緒の安定を図り、遊びを通して状況に応じて機敏に自分の体を動かすことができるように訓練し、交通安全の習慣を身に付けるようにするとともに、災害時には自分の判断で、自分一人で行動するための訓練を行うようにすること。

(2)　入園当初、特に、3歳児の入園については、家庭との連携を緊密にし、生活のリズムや安全面に十分配慮すること。また、満3歳児については、学年の途中から入園することを考慮し、幼児が安心して幼稚園生活を過ごすことができるよう配慮すること。

(3)　幼稚園生活が幼児にとって安全なものとなるよう、教職員による協力体制の下、幼児の主体的な活動を大切にしつつ、園庭や園舎などの環境の配慮や指導の工夫を行うこと。

(4)　幼稚園においては、幼稚園教育が、小学校以降の生活や学習の基盤の育成につながることに配慮し、幼児期にふさわしい生活を通して、創造的な思考や主体的な生活態度などの基礎を培うようにするものとする。

(5)　幼稚園教育において育まれた資質・能力を踏まえ、小学校教育が円滑に行われるよう、小学校の教師との意見交換や合同の研究の機会などを設け、「幼児期の終わりまでに育ってほしい姿」を共有するなど連携を図り、幼稚園教育と小学校教育との円滑な接続を図るよう努めるものとする。

⑳　幼児音についてその特徴から分類したものである。①～④にあてはまる言葉を下記のア～カの中から選び、記号で答えよ。また、ⓐ～ⓙにあてはまる言葉を記せ。

［幼児音の主な特徴］
(1)　（　①　）の変化
　・カ行音のタ行音化　　　　　　　（カメラ）→（タメラ）
　・（　ⓐ　）行音のチ音、チャ音化　（　ⓑ　）→（オチャカナ）
　・ザ行音、ダ行音の（　ⓒ　）音化　（　ⓓ　）→（ドウジョ）

・(ⓔ) 行音の（ ⓕ ）行音化（ダイコン）→（ライコン）
・(ⓖ) のチュ音化　　　　　(ⓗ)　→（イチュチュ）
・(ⓘ) のチ音化　　　　　　(ⓙ)　→（チコーキ）

(2) (②) の変化

　　クレヨン　　→　　クロヨン

(3) 音の (③)

　　スベリダイ　→　　スリベダイ

(4) 音の (④)

　　カーチャン　→　　アーチャン

ア　脱落　　イ　濁音　　ウ　転置　　エ　子音　　オ　転換　　カ　母音

21　ある幼稚園で、入園まもない４歳児のＡ児とＢ児の２人が、担任によって準備された保育室の「ままごと」の場で、楽しそうに机を挟んで座り、茶碗の遊具に「おもちゃのごちそう」を盛り付けて机に並べていた。そこに、園庭から保育室に戻ってきたＣ児が、２人の遊んでいる様子を見つけて、黙って「ままごと」の場に入っていき、２人が並べていた茶碗を手にとって遊び始めようとした。それを見たＡ児はあわてて、Ｃ児に対して「だめ」と言い、Ｂ児も取り返そうとＣ児の手から茶碗を奪い取った。Ｃ児は、Ａ児の言葉やＢ児にされたことの意味が分からず、驚いて担任のところにやってきて、Ａ児とＢ児の方を指さしながら泣き始め、担任が泣いている理由を聞いても大声で泣き続けた。

　あなたは担任として、「ままごと」の場でのやりとりの一部始終を、少し離れたところから見ていたとして、この後、それぞれの園児にどのような指導を行うか。幼稚園教育要領（平成29年３月告示）領域「言葉」の「内容」をふまえ、250字程度で具体的に述べよ。

22　次の（ア）～（コ）は、幼稚園教育要領（平成29年３月告示　文部科学省）に述べられている５領域の内容の一部である。どの領域に属するか、①～⑤から選び、番号で答えよ。同じ選択肢を複数回使用してもよい。

㋐　絵本や物語などに親しみ、興味をもって聞き、想像をする楽しさを味わう。

㋑　自分で考え、自分で行動する。

㋒　身近な物を大切にする。

㋓　様々な活動に親しみ、楽しんで取り組む。

㋔　危険な場所、危険な遊び方、災害時などの行動の仕方が分かり、安全に気を付けて行動する。

㋕　自分の思ったことを相手に伝え、相手の思っていることに気付く。

㋖　様々な出来事の中で、感動したことを伝え合う楽しさを味わう。

㋗　先生や友だちと食べることを楽しみ、食べ物への興味や関心をもつ。

言葉

㈱　自然に触れて生活し、その大きさ、美しさ、不思議さなどに気付く。

㈲　日常生活の中で数量や図形などに関心をもつ。

　　① 健康　　② 人間関係　　③ 環境　　④ 言葉　　⑤ 表現

23　次の文は、「幼稚園教育要領」（平成29年3月31日文科告第62号）「第1章 総則 第1 幼稚園教育の基本」に示されている記述である。 文中の（ ① ）から（ ③ ）に当てはまる語句の組合せとして正しいものを、下のアからエの中から一つ選んで記号で答えなさい。

　　幼児の発達は、（ ① ）の諸側面が相互に関連し合い、多様な経過をたどって成し遂げられていくものであること、また、幼児の（ ② ）がそれぞれ異なることなどを考慮して、幼児一人一人の特性に応じ、発達の（ ③ ）に即した指導を行うようにすること。

	①	②	③
ア	心 身	興 味	状 況
イ	心 身	生活経験	課 題
ウ	生 活	興 味	課 題
エ	生 活	生活経験	状 況

24　次の文は、幼保連携型認定こども園教育・保育要領（平成29年　内閣、文科、厚労告1）の領域「言葉」の内容である。3歳未満の園児の保育に関する内容にはAを、3歳以上の園児の保育に関する内容にはBで答えよ。

1　親しみをもって日常の挨拶に応じる。

2　したり、見たり、聞いたり、感じたり、考えたりなどしたことを自分なりに言葉で表現する。

3　絵本や物語などに親しみ、興味をもって聞き、想像する楽しさを味わう。

4　絵本や紙芝居を楽しみ、簡単な言葉を繰り返したり、模倣したりして遊ぶ。

5　人の話を注意して聞き、相手にわかるように話す。

6　友だちの言葉や話に興味や関心をもち、親しみをもって聞いたり、話したりする。

7　応答的な関わりや話し掛けにより、自ら言葉を使おうとする。

8　生活に必要な簡単な言葉に気付き、聞き分ける。

言
葉

㉕　次の文は、幼保連携型認定こども園教育・保育要領の「幼保連携型認定こども園として特に配慮すべき事項」の一部です。文中（　）1〜5に入れる適切な語を下の語群（a〜e）から選びなさい。

　0歳から（　①　）までの様々な年齢の園児の発達の特性を踏まえ、満3歳未満の園児については特に（　②　）安全や発達の確保を十分に図るとともに、満3歳以上の園児については同一学年の園児で編制される学級による集団活動の中で（　③　）を中心とする園児の（　④　）活動を通して発達や学びを促す経験が得られるよう工夫をすること。特に、満3歳以上の園児同士が共に育ち、（　⑤　）ながら、豊かな体験を積み重ねることができるよう工夫すること。

a　遊び　　　　b　健康　　　　c　主体的な　　　　d　学び合い　　　　e　小学校就学前

▼ 言葉　解答 & 解説 ▼

① ① ② ④ ⑥ ⑧

〈解説〉②……母音に次ぐ子音は、くちびるを使うm、p、b、次にk、gなどの破裂音、そしてr、s、zの音が習得されるという順序をたどる。

⑤……乱暴な言葉づかいや、性的な言葉は強制的に禁止するのではなく、生活経験を広げていく中で、幼児自身が正しい言葉を覚え、使っていくように指導することが重要である。

⑦……時期に注意。一語文は一歳から一歳半の片言を習得する時期に多い。

② ① 自己中心語　② 自己中心的思考　③ 外言　④ 内言　⑤ 学期齢

③ 5

④ (4) (5) (6)

⑤ ①

〈解説〉教師は文字について直接指導するのではなく、幼児の話したい、表現したい、伝えたい気持を受け止めつつ、文字を通じて何らかの意味が伝わっていく、おもしろさや楽しさが感じられる事が大切です。言葉は身近な人との関わりを通して、次第に獲得されるものです。教師は幼児が言葉で伝えたくなるような経験を重ね、自分の気持を言葉で表現する楽しさを味わうことが大切です。

⑥ ①A　②C　③B

(a)(ニ)　(b)(ヌ)　(c)(ヘ)　(d)(ハ)　(e)(リ)　(f)(チ)

(g)(イ)　(h)(ル)　(i)(ロ)　(j)(ホ)　(k)(ト)　(l)(ヲ)

⑦ 3

⑧

	(ア)	(イ)	(ウ)	(エ)	(オ)
A群	③	④	①	⑥	②
B群	④	②	③	①	⑤

⑨ エ

〈解説〉反響言語＝相手の言ったことを繰り返す、スキーマ＝認知概念、スクリプト＝人生脚本

⑩ ①エ ②カ ③オ ④キ ⑤ク ⑥ケ ⑦ア ⑧コ ⑨イ ⑩ウ

〈解説〉この問いは、平成17年1月28日の中央教育審議会の答申の一部である。「第2章　幼児教育充実のための具体的方策」の「第1節　幼稚園等施設の教育機能の強化拡大」の中の「発達や学びの連続性を踏えた幼稚教育の充実」からである。小学校教育との連携・拡充そして質の向上の方策が述べられている。

⑪ 1 ○　　2 ×　　3 ×　　4 ×　　5 ○

〈解説〉 2 保育者は感情的ではなく、冷静に処理することが必要である。

3 幼児にはすぐその場で直すようにしないと効果はない。

4 すぐに手を貸して助けるようなことをしないで、幼児が自分の力で起きるよう励ますことが必要である。自立心を養わせるためである。

⑫ (1) 一語文の時期　　(2) 第二期語獲得期　　(3) 第一期語獲得期　　(4) 語文の時期

言
葉

  (5)　一応の完成期　　(6)　多語文、従属文の時期　　(7)　言葉の準備期

  (8)　就学前期　　(9)　二語文の発生　　(10)　文章構成期

⑬　(ア) ③　　(イ) ⑧　　(ウ) ⑦　　(エ) ④　　(オ) ①　　(カ) ⑤

〈解説〉雰囲気づくりということや、ままごとのように話し言葉を中心とした遊びを考慮する。

⑭　(1)　ロ　　(2)　ロ　　(3)　イ　　(4)　ロ　　(5)　イ

⑮　(A)　風呂をチャブチャブ（チャプチャプ）というように、事物の状態で、そのものをあ
   らわす言葉である。片言期の幼児に特有の言葉であり、多くは４歳頃までに消滅する。

  (B)　幼児は言葉に対する面白さなどから、流行語をすぐに覚えて使いたがることがある。
   ユーモアのある語や下劣ではない流行語に対しては、あまりこだわる必要はないが、
   下品で教育上好ましくない流行語には、教師のきちんとした指導が必要である。特に
   流行語ばかりを乱発する幼児には、人の話に応じる態度が失われて、正しい人間関係
   が育ちにくいことを考慮しなければならない。

〈解説〉(A)　擬音語（擬声語）と擬態語についても、きちんと理解しておくようにしたい。
片言期とは、１歳〜１歳半の時期である。

⑯　エ

⑰　(3)

⑱　3

⑲　(1)

〈解説〉幼児の生活は、入園当初の一人一人の遊びや教師との触れ合いを通して幼稚園生
活に親しみ、安定していく時期から、他の幼児との関わりの中で幼児の主体的な活動が深
まり、幼児が互いに必要な存在であることを認識するようになり、やがて幼児同士や学級
全体で目的をもって協同して幼稚園生活を展開し、深めていく時期などに至るまでの過程
を様々に経ながら広げられていくものであることを考慮し、活動がそれぞれの時期にふさ
わしく展開されるようにすること。

⑳　①　エ　　　　②　カ　　　　③　ウ　　　　④　ア
  ⓐ　サ　　　ⓑ　オサカナ　　ⓒ　ジョ　　ⓓ　ドウゾ　　ⓔ　ダ
  ⓕ　ラ　　　ⓖ　ツ　　　　ⓗ　イツツ　　ⓘ　ヒ　　　　ⓙ　ヒコーキ

㉑　A児に対しては、「だめ」という言葉だけでは、自分の思っていることが伝わらないこと
を知らせ、相手に分かるように話すことの大切さを伝える。B児には、黙って奪うのでは
なく「使うから貸してほしいなど、したいことやしてほしいことを言葉で伝えることの大
切さを伝える。C児には友だちが遊んでいる場に加わったり、遊具を使ったりするときに
は、黙っているのではなく「よせて」「貸して」など、必要な言葉をいわなければいけな
いことに気付かせる。また、C児には、泣かずに人の話を聞き、理由を話すように促す。

㉒　(ア) ④　　(イ) ②　　(ウ) ③　　(エ) ①　　(オ) ①
  (カ) ②　　(キ) ⑤　　(ク) ①　　(ケ) ③　　(コ) ③

㉓　イ

㉔　1 A　　2 B　　3 B　　4 A　　5 B　　6 B　　7 A　　8 A

〈解説〉幼保連携型認定こども園教育・保育要領も必ず目を通しておくこと。

㉕　1 e　　2 b　　3 a　　4 c　　5 d

言
葉

◤ 6 表 現 ◤

● 音楽的内容

1　次の文のうち、適切な記述を○、不適切な記述を × とした場合の正しい組み合わせを一つ選びなさい。

A　成田為三は、大正期の「赤い鳥」童謡運動に参加した作曲家である。
B　ポルカは、静かな３拍子の合唱曲である。
C　フルートは、木管楽器である。
D　ト長調の階名「ソ」は、音名「ニ」である。
E　河村光陽は、「うれしいひなまつり」を作曲した。

(組み合わせ)	A	B	C	D	E
1	○	×	○	○	○
2	○	×	○	○	×
3	○	×	○	×	×
4	×	○	×	○	○
5	×	○	×	×	○

2　次の文は、音楽リズムの指導目標である。（　）に適語を下から選びなさい。

(1)　伸び伸びと（①）、（②）して（③）を味わう。
(2)　伸び伸びと（④）を楽しみ、（③）を味わう。
(3)　音楽に親しみ、（⑤）に（⑥）を持つ。
(4)　感じたこと、（⑦）などを（⑧）に表現しようとする。

(A)　楽器をひいたり　　(B)　音や音楽　　(C)　興味　　(D)　歌ったり
(E)　音や動き　　(F)　表現する楽しさ　　(G)　考えたこと　　(H)　聞くこと

3　①〜④の楽譜はいずれも歌い始めの部分である。A 〜 D の歌詞の内容との正しい組み合わせを一つ選びなさい。

A　主に夏の初め頃に取り上げられる
B　主に年の瀬頃に取り上げられる
C　主に年度の終わり頃に取り上げられる
D　季節に関わらず歌われる

表
現

（組み合わせ）　1　B—①　A—②　D—③　C—④

　　　　　　　　2　C—①　A—②　B—③　D—④

　　　　　　　　3　D—①　B—②　A—③　C—④

　　　　　　　　4　A—①　B—②　C—③　D—④

　　　　　　　　5　C—①　D—②　B—③　A—④

④　次の⑴～⒂は曲の性格や表情を表す発想記号です。誤りを選びなさい。

⑴　Cantabile →　歌うように　　　　　⑵　Comodo →　気楽に

⑶　Con brio →　生き生きと　　　　　⑷　Dolce →　やわらかく、優しく

⑸　Elegante →　優雅に　　　　　　　⑹　Elegiaco →　悲しく

⑺　Veloce →　壮快に　　　　　　　　⑻　Allegro →　おそく

⑼　Adagio →　ゆるやかに　　　　　　⑽　Andante →　ゆっくり歩くような速さで

⑾　Andantino →　アンダンテよりも少し速く　　⑿　Moderato →　中くらいの速さで

⒀　Allegretto →　やや速く　　　　　⒁　Lento →　速く

⒂　Vivace →　快速に

⑤　次の①～⑩は強弱を表す記号である。正しく組み合わせなさい。

〔A 群〕　　　　　　　〔B 群〕

①　*ppp*　　　　　　　㋑　少し強く

②　*pp*　　　　　　　　㋺　*ff* よりさらに強く

③　*p*　　　　　　　　㋩　*pp* よりさらに弱く

④　*mp*　　　　　　　　㋥　きわめて弱く

⑤　*mf*　　　　　　　　㋭　弱く

⑥　*f*　　　　　　　　　㋬　きわめて強く

⑦　*ff*　　　　　　　　㋣　少し弱く

⑧　*fff*　　　　　　　㋠　強く

⑨　＜　　　　　　　　㋷　だんだん強く

⑩　＞　　　　　　　　㋫　だんだん弱く

⑥　次の楽譜はハ長調の和音（コード）を示したものである。（　①　）から（　③　）に
　当てはまる和音名（コードネーム）の組合せで正しいものを、下のアからオの中から一つ
　選んで、答えなさい。

C　　（　①　）　　Em　　　F　　（　②　）　　Am　　（　③　）

　　　　　　①　　　　　　②　　　　　　③
ア　　D　　—　　Gdim　—　　B
イ　　Dm　—　　Gm　　—　　Bm
ウ　　D　　—　　Gm　　—　　Bdim
エ　　Ddim —　　G　　　—　　B
オ　　Dm　—　　G　　　—　　Bdim

⑦　楽曲の曲想を示す音楽用語とその意味の組合わせとして最も適切なものを、次のア〜エ
　の中から一つ選んで答えなさい。

　　　　　　〈音楽用語〉　　　　　　　　〈意味〉
ア　　dolce（ドルチェ）　　　　　　　力強く
イ　　scherzando（スケルツァンド）　　おどけて
ウ　　legato（レガート）　　　　　　　はっきりと
エ　　vivace（ヴィヴァチェ）　　　　　静かに

⑧　生活の中の基本的な運動について、次の表の空欄に適切なものを下の㋐〜㋕から選んで示し
　なさい。

運動の種類	動きのリズム	標準テンポ
あるく	①	④
はしる	②	⑤
と　ぶ	③	⑥

(ア) ♫♫ (イ) ♩♩♩♩ (ウ) ♫♫ (エ) ♩ = 120 ～ 130

(オ) ♩ = 104 ～ 110

9 の楽譜 (曲の一部) を見て、下の (1) ～ (5) の問いに答えよ。

(1) 曲名は何か。①～⑤から選び、番号で答えよ。

① はしの上で　　② ロンドン橋　　③ きらきらぼし　　④ 小ぎつね

⑤ しろくまのジェンカ

(2) この曲は、何分の何拍子か。①～⑤から選び、番号で答えよ。

① 4分の4拍子　　　② 2分の2拍子　　③ 4分の3拍子　　④ 8分の6拍子

⑤ 4分の2拍子

(3) この曲はどこの民謡か。①～⑤から選び、番号で答えよ。

① イギリス　　② アメリカ　　③ フランス　　④ ボヘミア　　⑤ ドイツ

(4) 楽譜の (ア) にあてはまる正しい旋律を、①～⑤から選び、番号で答えよ。

(5) この楽譜を演奏すると何拍になるか。①～⑤から選び、番号で答えよ。

① 8拍　　② 10拍　　③ 16拍　　④ 12拍　　⑤ 6拍

表現

⑩　次にあげた経験や活動の留意点は、次の群の四つの中のいずれに属するか、記号を（　）
　の中に記しなさい。

〔A－「歌う」　B－「弾く」　C－「動きのリズム」　D－「聞く」〕
　　①　（　）　拍子やリズムの感じのはっきりしたもの。
　　②　（　）　声楽曲、器楽曲。
　　③　（　）　静かで美しい感じのもの。
　　④　（　）　リズムやパターンの明瞭な音楽。
　　⑤　（　）　歌唱教材を原曲としたもの。
　　⑥　（　）　発声に無理のない音域のもの。
　　⑦　（　）　明るく軽快な感じのもの。
　　⑧　（　）　単純明瞭なリズムで速度感の養えるもの。

⑪　次の楽譜について下記の問いに答えなさい。

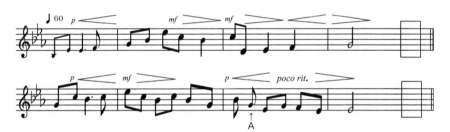

　(1)　この曲は何拍子か答えよ。　　(2)　この曲の題名を答えよ。
　(3)　この曲の作曲者を答えよ。　　(4)　♩＝60 の意味を答えよ。
　(5)　何調か。　　　　　　　　　(6)　poco rit. の意味を答えよ。
　(7)　∨の読み方を答えよ。　　　(8)　＜　　の意味を答えよ。
　(9)　＞　　の意味を答えよ。　　(10)　□の中に入る休符記号を答えよ。

⑫　次のa～dの各調の主要三和音を記入しなさい。

　　　　ハ長調　　　　　　ニ長調　　　　　　イ短調　　　　　　ニ短調

⑬ 次の楽譜は、ハーモニカとピアノの合奏曲である。A〜Cの小節にハーモニカの旋律に
　調和する和音を下のア〜オの中から選びなさい。

⑭ 次の楽譜は、ごく一般に幼児に歌われている曲の最初の四小節である。これを見て、以
　下の各問いに答えなさい。

（1）①〜⑤までの（　）の中には、どんな拍子記号で書き入れたらよいか。

ア．$\frac{2}{4}$　イ．$\frac{3}{4}$　ウ．$\frac{4}{4}$　エ．$\frac{4}{8}$　オ．$\frac{6}{8}$

表現

(2)　それぞれ何調か。

(3)　⑥～⑩までの休符は下記カ～コのうち、どれをあてはめたらよいか。

カ　　　キ　　　ク　　　ケ　　　コ

⑮　下記にあげる曲について答えよ。該当する記号を○でかこみなさい。

(1)　この曲の作曲者は誰か。

　　㋐　ベートーベン　　　㋑　シューベルト　　　㋒　メンデルスゾーン

　　㋓　モーツァルト　　　㋔　バッハ

(2)　この曲の演奏は誰か。

　　㋐　ピアノ演奏　　　㋑　ピアノと管弦楽　　　㋒　バイオリンと管弦楽　　　㋓　弦楽器

　　㋔　管弦楽

(3)　この曲は何調か。

　　㋐　ト長調　　　㋑　ハ長調　　　㋒　ヘ長調　　　㋓　ホ短調　　　㋔　イ短調

(4)　この曲の拍子はいくつか。

　　㋐　$\dfrac{4}{4}$拍子　　　㋑　$\dfrac{6}{8}$拍子　　　㋒　$\dfrac{3}{8}$拍子　　　㋓　$\dfrac{2}{2}$拍子　　　㋔　$\dfrac{2}{4}$拍子

⑯　次の調号であらわされる長・短両調の名前を答えなさい。

　　　　1.　　　2.　　　3.　　　4.　　　5.　　　6.

⑰　幼児の中に歌わない子がいたら、あなたはどのように指導していきますか。簡単に説明
　　しなさい。

18 次の楽譜を見て、各問いに答えなさい。

(1) (ア)〜(ウ) の楽譜に縦線を記せ。

(2) (ア)〜(ウ) の三曲を演奏するときの指揮棒の振り方は、どのようにしたらよいか、適当なものを選べ。

(3) (ア) と (イ) はそれぞれ何調か。

19 幼児に歌わせたい曲を選ぶときの基準について、適切と思われるものを選びなさい。

(1) 生活経験に密着したもの。
(2) 速度のはやいもの。
(3) 歌詞が口語体で簡単なもの。
(4) 楽しい雰囲気のもの。
(5) 昔から伝わっている子どもの歌。
(6) 長調、短調、日本旋法のもの。
(7) 手遊びをしながら歌えるもの。
(8) $\frac{2}{4}$、$\frac{3}{4}$、$\frac{4}{4}$、$\frac{6}{8}$ でリズムが単純なもの。
(9) 発声に無理のない音域のもの。

20 (A)・(B) の設問に答えよ。

(A) 次の楽譜をニ長調に移調せよ。

(B) 次の曲を完全4度上の調に移調せよ。

表現

21　図の鍵盤を次のような番号の順で弾いた。番号が示す音符に従い、譜表を完成させよ。

22　次の楽譜（曲の一部）を見て、下の (A) 〜 (E) の問いに答えなさい。

(A)　この曲の題名を①〜④から選び、番号で答えなさい。

　　①　七つの子　　　　②　こいのぼり　　　③　ふじ山　　　　④とんぼのめがね

(B)　この曲は何分の何拍子か。①〜④から選び、番号で答えなさい。

　　　四分の二拍子　　　②　四分の三拍子　　　③八分の六拍子　　　④　四分の四拍子

(C) 楽譜の(A)にあてはまる一番の正しい歌詞はどれか。①～④から選び、番号で答えなさい。
　　① みおろして　　　② うえにだし　　　③きものきて　　　④したにきく

(D) 楽譜の(B)にあてはまる正しい伴奏を①～④から選び、番号で答えなさい。

(E) 楽譜の(C)にあてはまる正しい旋律を①～④から選び、番号で答えよ。

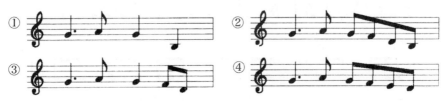

[23] 次の文章は、幼児の音楽教育に貢献した人物について説明しているものである。その人物名を、下のア～オの中から一つ選んで、記号で答えなさい。

　　子どもが最初に出会う最も自然な楽器として、子ども自身の手拍子、足拍子、膝(ひざ)打ち、指ならしなどを挙げて、これらをサウンド・ジェスチャーやボディ・パーカッションとしている。また、子どもの言葉のリズムにも着目した。

　　ア　シェーファー (Schafer, RM.)　　　イ　ダルクローズ (Dalcroze, É.J.)
　　ウ　オルフ (Orff, C.)　　　　　　　　エ　コダーイ (Kodály, Z.)
　　オ　ペインター (Paynter, J.)

[24] 次の〔A群〕の童謡作品に〔B群〕の作曲者または作詞者を選び記号で答えなさい。

〔A群〕
　　① お正月（　　）　　　　　　② かわいいかくれんぼ（　　）
　　③ シャボン玉（　　）　　　　④ ぞうさん（　　）

〔B群〕
　　a 野口　雨情　　　b まど・みちお　　　c 瀧　廉太郎　　　d 中田　喜直

表現

▼ 表現（音楽的内容） 解答 & 解説 ▼

1 1

〈解説〉ポルカは4分の2拍子で軽快な舞踊及び舞曲。

2 ①(D) ②(A) ③(F) ④(B) ⑤(H) ⑥(C) ⑦(G) ⑧(E)

3 2

〈解説〉①『思い出のアルバム』②『たなばたさま』③『ジングルベル』④『「夕やけこやけ」

4 (8) ⑭ 〈解説〉(8) Lento ⑭ Allegro

5 ①(ハ) ②(ニ) ③(ホ) ④(ト) ⑤(イ) ⑥(チ) ⑦(ヘ) ⑧(ロ) ⑨(リ) ⑩(ヌ)

6 オ

7 イ

〈解説〉dolce…柔らかく、legato…音の間をきらずなめらかに、vivace 快適に

8 ①(イ) ②(ア) ③(ウ) ④(オ) ⑤(エ) ⑥(エ)

9 (1)② (2)⑤ (3)① (4)② (5)③

10 ① B ② D ③ D ④ C ⑤ B ⑥ A ⑦ D ⑧ C

〈解説〉効果的に音楽リズムの指導を進めるために、教材のもつ特性や効果をよく知って適切なものを選ぶ必要がある。

11 (1) $\frac{3}{4}$拍子 (2) 赤とんぼ (3) 山田耕筰 (4) 1分間に♩を60回打つ速度

(5) 変ホ長調 (6) しだいにおそく (7) ブレス (8) だんだん強く

(9) だんだん弱く ⑩ ♪

〈解説〉 山田耕筰（1899-1965） 日本の交響楽団の基礎を作り、指導者として活躍。歌劇「黒船」、歌曲「からたちの花」「この道」「赤とんぼ」など。

12

〈解説〉主要三和音には、主和音 I（または T）、下属和音Ⅳ（または S）、属和音Ⅴ（または D）を用いる。短調の主要三和音は、主和音T（ラドミ）、下属和音S（レファラ）、属和音D（ミソシ）だが、この場合第7音が半音上がることに注意すること。

13 A イ   B オ   C ウ

〈解説〉主要三和音と属七の和音が理解されていればできる問題である。

14 (1) ①（ア） ②（ア） ③（ウ） ④（イ） ⑤（ア）

(2) (1)ヘ長調 (2)変ホ長調 (3)ニ長調 (4)ハ長調 (5)ト長調

(3) ⑥キ ⑦ク ⑧ク ⑨ク ⑩ク

15 (1)ウ (2)ウ (3)エ (4)エ

16 1．ト長調、ホ短調   2．イ長調、嬰ヘ短調   3．変ロ長調、ト短調

4．変イ長調、ヘ短調   5．ニ長調、ロ短調   6．変ホ長調、ハ短調

表現

⑰ 〈解答例〉 歌わない子、歌いたがらない子の多くは、歌うという経験がなかったか、少なかっ
たことが原因であるから、強制的に歌わせるようなことはせず、根気よく指導していく。

⑱ ⑴

⑵ （ア）②　　　（イ）③　　　（ウ）①

⑶ （ア）ト長調　　（イ）ニ長調

〈解説〉タクト法の基本的な形式である

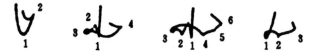

⑲ ⑴　⑶　⑷　⑹　⑻　⑼

〈解説〉適切な教材を選ぶことによって活動を活発にし、しかも表現意欲を満足させるこ
とができる。幼児の声域は、1～2歳頃では長3度（f～a）、3～5歳頃では3度から
5度（e～a）、6歳頃では5度から8度（d～d）である。しかし、個人差はかなり大
きい。声域をはるかに越えるような曲を与えると、どんなに美しくのびのびと歌わせよう
としても、幼児はどなり声で歌ってしまいがちである。

⑳

㉑

㉒ （A）③　　（B）④　　（C）②　　（D）③　　（E）④

㉓ ウ　〈解説〉オルフは1895～1982年ドイツを代表する作曲です。オルフは音楽だけを
単独に取り出すのではなく、聴く者と表現する者を分けない音楽を理想としました。

㉔ ①-c　②-d　③-a　④-b

〈解説〉①瀧廉太郎（作）中田喜直（曲）　③野口雨情（作）　④まど・みちお（作）

● 　絵画的内容

1　次の文は、子どもの描画の発達における一般的に「象徴期」と呼ばれる段階の記述である。
　適切な記述を○、不適切な記述を × とした場合の正しい組み合わせを一つ選びなさい。

A　手と目が連動して動くことにより、円形等を描くようになる。
B　別の呼び名では「図式期」ともいう。
C　おおよそ２歳頃から見られるようになる描画表現の形式である。
D　画面上に描かれた形と具体的なイメージとが結びつき、形に名前を付けるようになっ
　ていく。

(組み合わせ)	A	B	C	D
1	○	○	×	×
2	○	×	○	○
3	×	○	○	○
4	×	○	○	×
5	×	×	○	○

2　身近な材料を、その形・色・材質などを生かして使うことをねらいとしたいとき、次の
　問いに答えなさい。

①　幼児に与えてもよいと思う身近な材料を(a)紙類、(b)びん類、(c)ビニール類の三種類に
　ついて、それぞれ二つずつあげよ。
②　①であげたもののいずれかを使って遊んだり製作したりするとしたらどんなことをす
　るか。説明せよ。

3　次は、描画材料を説明した文である。（　）内に入れる適当な言葉を下記の中から選びなさい。

　顔料と脂肪酸を主成分とする油性の棒絵の具（①）は、（②）より（③）のが特徴で、
（④）に適しており、線描きは（②）より（⑤）になるため、（⑥）材料より（⑦）材
料として適している。一方、（②）は顔料と木ロウを主成分とし、（⑧）のが特徴で、
混色には適さない。また、（①）や（②）を選ぶときは、目の（⑨）画用紙に塗って
みて、（⑩）、発色のよい、折れにくいものがよい。

　(a)　色えんぴつ　　(b)　クレヨン　　(c)　クレパス　　(d)　細い　　(e)　荒い
　(f)　塗る　　(g)　描く　　(h)　やわらかい　　(i)　かたい　　(j)　太め　　(k)　細め
　(l)　かすが出ない　　(m)　重色・混色

表現

④ 次の用語の説明を下記に記してあるが、適切と思うものを下から選び、その記号を（　）の中に書き入れなさい。

1　（　）スクラッチ　　　　2　（　）フロッタージュ　　　3　（　）ステンシル
4　（　）デカルコマニー　　5　（　）コラージュ

(a)　画用紙を二つに折り、その間に絵の具を落とし上から押す。合わせ絵ともいわれる。
(b)　凸凹のある素材の上に薄手の紙をあて、上から色鉛筆、クレヨン、パスなどでこすり、凸凹を映しだす。
(c)　画用紙にパスでいろいろな色を塗り分け、その上を黒などで塗りつぶし、鉄筆や釘などでひっかき下の色を出す。（ひっかき絵）
(d)　画用紙の上に色紙、包装紙、毛糸、布などをいろいろな形に切って貼りあわせていく。
(e)　画用紙に穴をあけ、切り抜いてから、他の画用紙の上にのせ、その上からローラーでこすり穴の部分の形をプリントする。

⑤ 次の表は幼児の造形活動の発達段階を表したものである。空欄に適するものを次から選びなさい。

年　　令	〔A〕	〔B〕
(1)　誕生〜1歳頃		
(2)　1、2〜3歳頃		
(3)　2、3〜4歳頃		
(4)　4、5〜6歳頃		
(5)　4、5〜6、7歳頃		

〔A〕
　A　命名期、象徴期　　B　乱画期、なぐりがき期　　C　前図式期　　D　写実期
　E　図式期　　F　いじくり期

〔B〕
　ⓐ　表現が記号として意味をもつ以前の段階で、手の運動で不定形の線を描く。絵としての意味はもたない線がきである。
　ⓑ　表現が記号としての意味をもち、できあがった作品に何らかの意味づけを行う。
　ⓒ　幼児が周囲にあるものを手あたり次第いじっていく自発的活動の時期。こうした活動が後の造形活動の土台となる。

　　ⓓ　多少なりともそのものらしく描くようになり、並べ描き、重ね描きもしばしば行われる。

　　ⓔ　表現しようとする対象とその表現とが一致してくる。

　　ⓕ　表現がしだいに実物に近づくが、あくまでも思ったまま、知ったままを絵にする時期である。

6　ローエンフェルト（Lowenfelt, v.）の研究をもとに、幼児の描画表現の発達の時期と、その時期に見られる描画の特徴についての説明の組合せとして最も適切なものを、次のア〜エの中から一つ選んで記号で答えなさい。

　ア　象徴期—身体の発達に伴って点々や手を左右に動かしての横線、肘を動かしての縦線、渦巻きなどを描く。描かれた物に意味や伝えようとする意図はない。

　イ　図式期—抽象的な記号の形を描き、描いた物に言葉で意味づけをする。

　ウ　錯画期—廊面の下方に基底線と呼ばれる1本の横線を引き、空と地面を分けるようになる。

　エ　　前図式期—描かれた物同士に関連性がなく、商品のカタログのようにものを画面に羅列して描く。

7　H幼稚園では、天然の土に触れ、造形と生活の関係に気づくことをねらいとして箸置きを焼き物で作ることにしました。陶芸用の粘土に園庭から掘り出した粘土を混ぜて作ります。次のうち、作り方の手順・留意事項の説明として、誤ったものを一つ選びなさい。

　1　園庭の粘土は、ごみ・石粒を取り除き、陶芸用の粘土に多く入れすぎない。

　2　粘土の中に空気が残らないよう注意をして、適当な大きさで自由に形を作り、真ん中は箸が置ける形に少しへこませる。

　3　指やペンのキャップ、割り箸など様々な道具を使い、型押し模様を付ける。模様が深くなりすぎないように気をつける。

　4　日陰で完全に乾燥させる。

　5　無釉のまま焼き物窯に並べて入れ、約3000°Cで本焼きして完成させる。

⑧ 描画材について（ア）～（オ）にあてはまる最も適切なものを①～⑧から選び、番号で
答えよ。

描画材の特徴	描画材
不透明。紙以外にも木、石、プラスチック、金属などにも着彩が可能。ペン先の細いものから、幅の太いものまで様々なものがある。金、銀もある。	（ア）
ロウ分が少なく、油脂が多いため軟らかい。軟質のロウを使っているためのびがよく、描画に適している。不透明。色を混ぜやすく、色面で覆いやすい。ぼかしやすい。	（イ）
透明性がある。ペン先の太さや形が様々あり、筆タイプのタッチでかけるものもある。広い画面に塗るのは適さない。	（ウ）
透明性がある。紙に色が定着しやすい。光沢のある紙、段ボール、木、プラスチック、ビニルなど様々なものに着彩が可能。広い画面に塗るのは適さない。使うときは、下に新聞紙などを敷き、養生するとよい。	（エ）
ロウ分が多くやや硬い。滑らかにかけるため、線描に適している。描画の場合、色はやや薄く、透明感が出る。色は混ざりにくく、それぞれの色がはっきりとしている。	（オ）

① クレヨン　　② パス　　③ コンテ　　④ チョーク
⑤ 色鉛筆　　⑥ 水性ペン　　⑦ 油性ペン　　⑧ 顔料系マーカー

⑨ 次の文は、ほぼ３歳児～５歳児における造形表現の特徴を説明したものである。あてはまる年齢を、ほぼ３歳児であれば(a)、４歳児であれば(b)、５歳児であれば(c)を（　）の中に記入しなさい。

① 造形活動の基礎作りの時代で、身体全体でものにぶつかって覚えていく時期である。（　　）
② 基底線の上に一列にものを並べて描く。（　　）
③ 創造的・空想的表現が可能となる時期である。（　　）
④ 思考・想像が発達してくる時期である。（　　）
⑤ いわゆる頭足人を描く。（　　）
⑥ 何か目的をもったものを工夫して作ることができる。（　　）
⑦ ハサミは自己流の使い方をする。（　　）
⑧ レントゲン描法がみられる。（　　）
⑨ 絵の具を使うことができる。（　　）
⑩ 簡単な後始末ができる。　　（　　）

⑩ 紙に関して、次の文の（　）に適する言葉を下から選んで記号で記入しなさい。

(1) 紙は原料や製造方法のちがいによって、（　①　）、（　②　）、（　③　）にわけられる。
(2) 紙は厚さによって分類されるが、薄紙には（　④　）、（　⑤　）など、中厚紙には（　⑥　）、（　⑦　）など、厚紙には（　⑧　）、（　⑨　）などがある。
(3) 紙を選ぶ場合には厚さ・色・強さの他に（　⑩　）、（　⑪　）、（　⑫　）などの諸性質を考える必要がある。

⎛ ア　ハトロン紙　　イ　つや紙　　　ウ　茶ボール紙　　エ　耐水性　　オ　白板紙 ⎞
| カ　和紙　　キ　ラシャ紙　　ク　画用紙　　ケ　洋紙　　コ　吸水性　　サ　光沢 |
⎝ シ　板紙　　ス　耐熱性　　セ　木材パルプ ⎠

⑪　次の文を読んで後の設問に答えなさい。

〔　㋐　〕

　樹脂の切れ端をもった幼児が、コーナーの中で「ハンバーガー」を作って「ここはレストランだよ」と言うのをきっかけにして、カレーライスやアイスクリーム、フライドポテトなど、それぞれの幼児がいろいろな素材を工夫して料理を作り始める。「ここ、券を売るところにするの？」「わたし、レストランのおねえさんになる」などと相談したり、自分のなりたい役を決めたりしながら、テーブルや椅子を並べて、レストランらしい場を皆で作っていく。

〔　㋑　〕

　一人の幼児が「ここはうさぎさんの家だから、うさぎさんになった人だけしか入れないの」と言ったことを聞いて、他の幼児も「わたしはうさぎのお母さん」「わたしは赤ちゃん」などと、その条件を受け入れることで同じ遊びに入っていく。

〔　㋒　〕

　登園してくると決まって保育室の一隅にある、カーペットと木枠で囲まれたコーナー（ままごと道具、人形などが置かれている）に入って過ごしている幼児がいる。外から邪魔されずに体を寄せ合うようにしていることと、大きな遊具ではなく自分の家と同じような遊具があることで安心した気持ちになれるようだ。

〔設問１〕　㋐、㋑、㋒の文はそれぞれ、「入園当初の不安定な時期」、「幼稚園生活に慣れ自分で遊びを広げていこうとする時期」、「一緒に遊ぶ仲間ができてくる時期」という三つの時期の活動の事例を表しています。あてはまるものを書け。

〔設問２〕次の中から、とくに入園当初の活動としてよく見られるものを選べ。
　(1)　比較的小さな空間や親しみやすい遊具で遊ぶこと。
　(2)　他の幼児と同じことをすること。
　(3)　素材を工夫して遊びに必要なものをつくること。
　(4)　幼児同士で触れ合えない。
　(5)　相手と一緒になって物を見立てることや役割を演ずること。

表
現

⑫　次の文は、ある人物について述べたものである。その人物名として最も適切なものを、下のアからエの中から一つ選んで記号で答えなさい。

　　1918（大正7）年、児童雑誌『赤い鳥』を創刊した。『赤い鳥』では、自ら作品を執筆するとともに、当時活躍していた作家にも働きかけ、童話や童謡を中心に多くの名作を生み出した。また、投稿欄を設けて子どもたちの作品を求め、綴方、児童自由詩、児童自由画の運動を推進した。

　ア　新美南吉　　　　イ　久留島武彦　　　　ウ　小川未明　　　　エ　鈴木三重吉

⑬　色彩に関する次の文中の（　）の中に適切な語句を下の語群から選び、その記号で答えなさい。

①　色は赤、黄、青のような色みのある有彩色と白、灰色、黒のような（　1　）に分類される。
②　色の三要素（三属性）は、色相、明度、（　2　）である。
③　色の中で最も明るい色は（　3　）で、最も暗い色は（　4　）である。
④　赤や橙は暖色系と呼ばれ、青や緑青は寒色系と呼ばれる。そのどちらにも入らない緑や紫などは（　5　）と呼ばれる。
⑤　目立つ配色は組み合わせる色の色相差、（　6　）差、彩度差が大きいほど目立つ配色となる。色相差の大きい色と色の関係を（　7　）関係の色という。

　ア 色相　　イ 明度　　ウ 彩度　　エ 色環　　オ 色の対比　　カ 混合　　キ 補色
　ク 中間色　　ケ 三原色　　コ 無彩色　　サ 黒　　シ 黄　　ス 白　　セ 赤　　ソ 灰色

⑭　幼児が絵を描くことに抵抗を感じているときや、欲求不満のときに、描画材料を用いて、無理なく喜んでやれるものを五つ答えなさい。

⑮　次の文章は、造形遊びの表現技法について説明したものである。文章中の（　）に当てはまる語句として適切なものを、下のア〜エの中から一つ選んで、記号で答えなさい。

　　溶いた絵具を目の細かい網に塗り、網の上からブラシで、擦って、下に置いた画用紙にしぶきを飛ばす技法を（　）という。様々な形に切った紙を画用紙の上に置いてしぶきを飛ばすことで、型抜きをしたような模様をつくり表現することもできる。

　　㋐　スパッタリング　　　　　㋑　フロッタージュ

表現

   ㋒ バチック　　　　　　　　㋓ デカルコマニー

⑯ 次の文は、造形活動の際の重要な視点に関する説明である。（A）～（E）にあてはまる語句の正しい組み合わせを一つ選びなさい。

   造形活動における視覚的な要素として「線」、「（ A ）」、「色彩」、「質感」などが考えられる一つの風景などを「線」の要素で見た場合、「長い－短い」、「（ B ）」、「直線的－曲線的」などの言葉で表現することができる。また、「（ C ）」の要素としては、「ざらざら」、「ふわふわ」、「つるつる」などの表現ができる。クレヨンや絵の具などの一般的なセットは、（ D ）の要点で配列されているといえる。

   以上のような（ E ）な見方は、子どもたちの造形活動において、子どもたちの心の動きや作品を読みとる際に役立つ。

（組み合わせ）

	A	B	C	D	E
1	重量	高い－低い	五感	形態	総合的
2	重量	高い－低い	五感	重量	総合的
3	形態	重い－軽い	五感	質感	分析的
4	形態	太い－細い	質感	色彩	分析的
5	寒暖	太い－細い	質感	価格	主観的

⑰ 次のイソップ童話を読んで、その場面を描くとしたら、どんな絵を描くか。図示しなさい。

① ひつじかいの少年が、ある日、「おおかみがきたぞー」と叫びました。その声を聞いておとなたちは、あわてて野良仕事をやめ、少年のところにかけつけてきましたが、おおかみなんてどこにもいません。少年は、おとなたちをびっくりさせて、おもしろがっただけだったのです。少年は、その後も、たびたび、「おおかみがきたぞー」と叫んでは、おとなたちをかけつけさせました。ところが、本当におおかみがやってきて、「たすけてー」と少年が叫んだときは、おとなたちはだーれも助けにきてくれませんでした。

② きりぎりすが毎日、歌ってばかりいる夏の日、ありたちは、せっせせっせと食べものを集めてはたらくのでした。やがて冬がくると、なまけもののきりぎりすは、「さむいよ、おなかがすいたよ」と、ありの家の戸をたたきましたが、だれもあけてくれませんでした。

⑱ 次のa, bの文は造形活動で使用されるクレヨン・パス・ペンについて述べたものである。

(1) ㋐～㋓にあてはまるものを①～⑨から選び、番号で答えよ。

> a　クレヨンは（　ア　）を主体にしてつくられているため硬く、細かい線描きに適
> 　してる。パスは、油成分を多く含んでおり、のびがよく不透明な発色である。クレ
> 　ヨンに比べ（　イ　）につくられている。
> b　ペンは充填せれているインクによって分類することができる。インク（　ウ　）
> 　と色材から成っており（　ウ　）は水性のものと油性のものがあり、油性のものは
> 　一般的に刺激臭のあるものが多い。また色材には顔料系のものと（　エ　）のもの
> 　がある。

① 固め　　　② 染料系　　　③ 溶剤　　　④ パラフィン（蝋性分）

⑤ 色素系　　⑥ 太め　　　　⑦ 安価　　　⑧ ゴム　　　⑨ 長め

(2)　aの文の下線部の理由として最も適しているものを次より選び、番号で答えよ。

① 幼児の手の大きさに合わせるため

② 幼児が誤って口に入れないようにするため

③ 軟らかく折れやすいため

④ 一度に広い面を塗れるようにするため

⑤ 大量に使えるようにするため

⑲　次の文は幼児の造形活動に適した紙について述べた文章である。(ア)〜(ウ)にあて
はまる適切なものを①〜⑧から選び、番号で答えよ。

(1)　基本的に再生紙で作られている（　ア　）は水分の吸い込みがよい。手に入れやすいの
で、破いたり丸めたり敷いたりするなど大量に必要なとき手軽に使える。

(2)　パルプをつかわない（　イ　）は水に強い。ロールに巻いた長いものもある。耐水性な
ので屋外に展示するものにも使うことができる。

(3)　（　ウ　）はさくら紙、お花紙、ちり紙などの種類がある。手で加工しやすい。丸めた
り破いたりちぎったりさいたりして様々な装飾に使用されることが多い。

① 画用紙　　　　② 薄紙　　　　③ 段ボール　　　④ 新聞紙

⑤ 白ボール紙　　⑥ 上質紙　　　⑦ クラフト紙　　⑧ 不織布

⑳　次の文は、幼稚園教育要領（平29　文科告62）「表現」の内容の取扱いについてのも
のである。空欄①〜⑩の中に入る適切な語句を下から選び、記入しなさい。

(1)　豊かな（　①　）は、身近な環境と十分にかかわる中で美しいもの、優れたもの、心
を（　②　）出来事などに出会い、そこから得た（　③　）を他の幼児や教師と共有し、
様々に表現することなどを通して養われるようにすること。

(2)　幼児の自己表現は（　④　）な形で行われることが多いので、教師はそのような表現を（　⑤　）し、幼児自身の表現しようとする（　⑥　）を受け止めて、幼児が生活の中で幼児らしい様々な表現を楽しむことができるようにすること。

(3)　生活経験や発達に応じ、自ら（　⑦　）表現を楽しみ、表現する意欲を十分に（　⑧　）させることができるように、（　⑨　）や用具などを整えたり、様々な素材や表現の仕方に親しんだり、他の幼児の表現に触れられるよう配慮したりし、表現する（　⑩　）を大切にして自己表現を楽しめるように工夫すること。

ア 素朴　　イ 大切　　ウ 配慮　　エ 感性　　オ 表現　　カ 動かす　　キ 様々な
ク 玩具　　ケ 発揮　　コ 遊具　　サ 過程　　シ 感動　　ス 発達　　セ 受容　　ソ 意欲

21　次の文章は、幼児期の子どもの描画表現について述べたものである。空欄（　　）にあてはまる語句を下のア〜オから選びなさい。

　　この時期になると紙に地面を一本の線で描いて、その線を横軸にして、その上に人や花を立てて描くようにようになります。この線を（　　）と呼んでいます。

　　ア　架空線　　　イ　分界線　　ウ　基底線　　エ　間点線　　オ　基準線

22　絵画的表現技法の一つである「フロッタージュ」の説明として正しいものを、次のアからオの中から一つ選んで、記号で答えなさい。

ア　水面に墨などで模様をつくり、それを紙に写し取る技法
イ　凹凸のあるものに紙を当て、上から鉛筆やコンテなどでこすって写し取る技法
ウ　ニードルなど先の尖った道具により、ひっかき傷をつけ、そこにインクをつめて写し取る技法
エ　金網の上から絵の具をブラシでこすり、霧のように両面にまき散らし、ぼかしの表現をつる技法
オ　紙の上に絵の具をたっぷり落とし、傾けたり、吹いたりしてつくる技法

23　次の事例を読み、下記の問いに答えなさい。

表現

〔事例〕

　5歳児のクラスで、作品展に向けたロボット作りをすることになった。数人の子どもたちが集まり、自分たちの身体よりも大きいロボットを作ろうと、材料を集め、楽しそうに話をはじめた。そんな友だちの姿を、じっと側で見ているＡ児がいた。担任はＡ児に、一緒に仲間に加わるように声をかけたところ、Ａ児は、ロボット作りの輪の中に入っていった。しかし、しばらくすると、Ａ児は急に「もういやだ！」と怒り出し、みんなで作ったロボットをこわしてしまった。

［問］

　この後、あなたは教師として、Ａ児に対し、壊したことを注意すること以外に、どのような指導を行うか。また、周りの子どもたちに対しては、どのような指導を行うか。指導する上での留意点をそれぞれ簡潔に述べよ。

㉔　次にあげる４つの粘土は、幼稚園でよく使用されているものである。それぞれの粘土を比較した中で、特に顕著な特徴を、下記の語群からそれぞれ１つずつ選び、ア〜クの記号で答えなさい。

	1 群	2 群
土粘土		
小麦粘土		
油粘土		
紙粘土		

［1 群］

　ア　伸びがあり、手や衣服が汚れることもなく手入れが簡単

　イ　粘着性があり、大型作品に向く

　ウ　柔らかく感触・肌触りがよく、弾力性が強い

　エ　乾くと強度が増し、着色して作品として残せる

［2 群］

　オ　乾燥すると元に戻らない。　　　カ　乾燥に強く、長期保存できる

　キ　保存が難しく、すぐに腐敗する　　ク　水分調節すれば、何度でも使用できる

㉕　色、材料、描画技法について、次の問いに答えよ。

(1)　a、b の文を読み、㋐、㋑にあてはまる適切な組合せを①〜⑥から選び、番号で答えよ。

a　色には、色相、明度、彩度の３つの性質があり、無彩色には (ア) はない。

b　(イ) は、手にくっつきにくい。また、固くなりにくく、繰り返し使える。

① （ア）彩度と明度（イ）土粘土　　② （ア）彩度と明度（イ）油粘土

③ （ア）彩度と明度（イ）紙粘土　　④ （ア）彩度と色相（イ）土粘土

⑤ （ア）彩度と色相（イ）油粘土　　⑥ （ア）彩度と色相（イ）紙粘土

(2)　次の㋐〜㋒の文にあてはまる適切な描画技法を①〜⑧から選び、番号で答えよ。

　㋐　クレヨンやパスを塗り重ね、はじいてできる表現を楽しむ技法。

　㋑　葉っぱや木目など凹凸のあるものの上に紙をのせて、やわらかい鉛筆やコンテなど
　　で模様をこすりだす技法。

　㋒　水面に散らした絵の具が広がってできる模様を紙に写し取る技法。墨やインクなど
　　が用いられるが、市販の液を使うと手軽に美しく仕上がる。

① バチック　　　② ドリッピング　　③ デカルコマニー　　④ スパッタリング

⑤ スタンピング　⑥ マーブリング　　⑦ フロッタージュ　　⑧ スクラッチ

(3) (2) の (ア) と同様に、クレヨンやパスを描画材料として使用するのに適している技法
　を①〜⑧から一つ選び、番号で答えよ。

① バチック　　　② ドリッピング　　③ デカルコマニー　　④ スパッタリング

⑤ スタンピング　⑥ マーブリング　　⑦ フロッタージュ　　⑧ スクラッチ

表
現

▼ 表現（絵画的内容）　解答 & 解説 ▼

① 2　〈解説〉象徴期（2.5〜3.5歳）描いたものに意味づけをおこなう時期です。視覚的な要素が加わり、かかれた結果に注意を向けるようになってきます。

② ①　(a)　牛乳パック、お菓子の空箱など

　　　(b)　牛乳ビン、化粧品のびんなど

　　　(c)　マヨネーズのチューブ、卵のパックなど

　②　牛乳パックを使って、虫（てんとう虫など適当に）の家を作らせる。牛乳ビンで、人形や動物を作らせる。

③ ①(c)　　②(b)　　③(h)　　④(m)　　⑤(j)　　⑥(g)　　⑦(f)　　⑧(i)

　⑨(e)　　⑩(l)

④ 1 (c)　　2 (b)　　3 (e)　　4 (a)　　5 (d)

⑤ (1) F ⓒ　　(2) B ⓐ　　(3) A ⓑ　　(4) C ⓓ　　(5) E ⓕ

〈解説〉上の発達段階はあくまで一つの目安に過ぎない。幼児の環境など条件の違いによって幼児ごとに異なることは言うまでもない。

⑥ エ

〈解説〉錯画期—1歳〜2歳半（乱画期）、象徴期—2歳半〜3歳（命名期・意味づけ期）、図式期—5歳〜9歳（拡大表現・レントゲン表現）

⑦ 5

⑧ (ア)8　　(イ)2　　(ウ)6　　(エ)7　　(オ)1

⑨ ①(a)　②(c)　③(c)　④(b)　⑤(a)　⑥(c)　⑦(a)　⑧(b)　⑨(b)　⑩(b)

〈解説〉幼児期の発達は目に見えて大きい。そうした時期の発達段階を正しく把握し、指導においては何をねらうべきかを誤らないことが大切である。ただし、幼児によって個人差のあることも事実であり、画一的になってしまうことは望ましくない。

⑩ ①カ　　②ケ　　③シ　　④ア　　⑤イ　　⑥キ　　⑦ク　　⑧ウ　　⑨オ

　⑩エ　　⑪コ　　⑫サ

⑪ 〔設問1〕⑦　一緒に遊ぶ仲間ができてくる時期

　　　　　⑦　幼稚園生活に慣れ自分で遊びを広げていこうとする時期

　　　　　⑦　入園当初の不安定な時期

　〔設問2〕(1)　(2)　(4)

⑫ エ

〈解説〉新美南吉（1913〜43）児童文学作家　代表作『ごん狐』／久留島武彦（1874〜1960）児童文学者　童謡「ゆうやけ小やけ」／小川未明（1882〜1961）小説家・児童文学作家　日本のアンデルセン、日本の児童文学の父と呼ばれている。／鈴木三重吉（1882〜1936）児童文学者　「赤い鳥運動」

⑬ ①コ　　②ウ　　③ス　　④サ　　⑤ク　　⑥イ　　⑦キ

⑭ バチック、フロッタージュ、デカルコマニー、マーブリング、フィンガーペインティング、オートマチズムなど。

〈解説〉いつでもクレヨンだけで絵を描かせている幼稚園も多くあるが、幼児の表現の固定化につながりやすいし、絵画を嫌いにしやすくなる危険性があると言える。多くの画材を用いて、さまざまな造形活動を行うことが重要である。

⑮　ア

〈解説〉こすりだし（フロッタージュ）、合わせ絵（デカルコマニー）、墨ながし（マーブリング）、ひっかき（スクラッチ）、ろうけつ染め（バチチック）

⑯　4

⑰　〈参考解答〉

① 　　　　　　　　　　　　②

⑱　(1)　㋐4　　　　㋑6　　　　㋒3　　　　㋓2

　　(2)　3

⑲　㋐④　　　㋑⑧　　　㋒②

⑳　①エ　②カ　③シ　④ア　⑤セ　⑥ソ　⑦キ　⑧ケ　⑨コ　⑩サ

㉑　ツ

㉒　イ

㉓　〔A児〕

　　A児と対話し、A児の思いやこだわりをよく理解したうえで、そのこだわりを深めていけるような知的な刺激を与えるとともに、言葉で表現することで他者とも、お互いに気持ちよく、楽しく過ごせる大切さを理解させ、幼児同士で協同して活動できるようにする。

　　〔周りの子どもたち〕

　　周りの子どもたちには、互いの思いやこだわりを伝え合うだけでなく、やり取りをしながら新しいアイデアを生み出し、それを受け入れあいながら、ともに作品を作りあげる大切さにきづかせるようにする。

㉔

	1群	2群
土粘土	イ	ク
小麦粘土	ウ	キ
油粘土	ア	カ
紙粘土	エ	オ

㉕　(1)　⑤

　　(2)　㋐①　　　㋑⑦　　　㋒⑥

　　(3)　⑧

表
現

第二部　幼稚園教諭採用試験問題

● 教科専門　問題集　Ⅰ

１　次のア〜エの各文は、幼稚園教育指導資料第１集　指導計画の作成と保育の展開（平成25年7月改訂）の記述の一部である。小学校の教育課程との接続と指導計画についての記述として、正しいもののみを挙げているものはどれか。1〜5から一つ選べ。

ア　小学校教育を含む義務教育は、生涯にわたって自ら学ぶ態度を培う上で重要なものですが、それは小学校から突然始まるものではなく、幼児期との連続性・一貫性ある教育の中で成立するものです。その意味で幼児期から児童期にかけての教育の目標を、生涯にわたる「学びの基礎力の育成」という一つのつながりとして捉えることが大切です。

イ　幼児期の終わりには学びの芽生えだけでなく自覚的な学びの芽も育ってきており、教科指導こそ行われないものの、気のあった仲間同士の活動だけでなく学級における共通の目標を意識したり、自分の役割を理解したりして、集団の一員としての自覚を育てる活動を重視したり、今までの遊びを通して学んできた知・徳・体の芽生えを総合化し、小学校につながる学びを高めていくための教育課程の編成・実施が必要となってきます。

ウ　幼児期の終わりにおいては、この時期にふさわしい「三つの自立」を養うことを目指すことが求められます。その際、幼児期の「三つの自立」の育成が、小学校における「三つの自立」や「学力の三つの要素」の育成につながっていくことを踏まえ、今の学びがどのように育っていくのかを見通すことが重要です。

エ　幼児期の教育と小学校の教育の円滑な接続のためには、その時期にある子どもの発達の段階を踏まえて互いの教育を充実させながらも、接続期には一方が他方に合わせていくことが大切である。

```
1    ア    イ    ウ    エ
2    ア    イ    ウ
3    イ    ウ    エ
4    ア    イ
5    ウ    エ
```

２　次のア〜ウの各文は、幼稚園教育要領解説（平成30年2月告示）第2章第1節　ねらい及び内容の考え方と領域の編成に関する記述の一部である。正しいものを○、誤っているものを×とした場合、正しい組合せはどれか1〜5から一つ選びなさい。

ア　幼児期は、生活の中で自発的・主体的に環境と関わりながら直接的・具体的な体験を通して、生きる力の基礎が培われる時期である。したがって、幼稚園教育においては、このような幼児期の特性を考慮して、幼稚園教育において育みたい資質・能力が幼児の中に一体的に育まれていくようにする必要がある。

イ　幼児が生活を通して発達していく姿を踏まえ、教師が幼児の発達の実情を踏まえながら指導し、幼児が身に付けていくことが望まれるものを「ねらい」とし、幼稚園教育において育みたい資質・能力を達成するために幼児の生活する姿から捉えたものを「内容」としたものである。

ウ　幼稚園教育における領域は、それぞれが独立した授業として展開される小学校の教科とは異なるので、領域別に教育課程を編成したり、特定の活動と結び付けて指導したりするなどの取扱いをしても差し支えない。

	ア	イ	ウ
1	○	×	×
2	○	×	○
3	×	○	×
4	×	○	○
5	×	×	○

③　次のア～エの各文のうち、学校安全資料「生きる力」をはぐくむ学校での安全教育（平成31年3月　文部科学省）についての記述として、正しいものを全て挙げているものはどれか。1～5から一つ選べ。

ア　幼児が自分で状況に応じ機敏に体を動かし、危険を回避するようになるためには、日常の生活の中で十分に体を動かし遊ぶことを通して、危険な場所、事物、状況などが分かり、そのときにとるべき最善の行動について体験を通して学び取っていくことが大切である。

イ　交通安全の習慣を身に付けるために、日常の生活を通して、交通上のきまりに関心をもたせるとともに、家庭と連携を図りながら適切な指導を具体的な体験を通して繰り返し行うことが必要である。

ウ　災害時の行動の仕方や不審者との遭遇など様々な犯罪から身を守る対処の仕方を身に付けるためには、幼児の年齢に応じた対処の方法を伝えることが大切である。

エ　事故等が発生した場合の連絡の仕方・幼児の引き渡しの方法については、年度当初に

保護者と確認しておく。併せて、保護者の勤務場所や兄弟姉妹の有無及び在籍校、緊急
時の連絡先を事前に確認し、迎えが遅くなる幼児を把握しておく。

4　次のア～エの各文は、幼稚園教育要領（平成 29 年 3 月）領域「健康」の内容について
の記述として正しいものを○、誤っているものを×とした場合、正しい組合せはどれか。
1～5から一つ選べ。

ア　先生や友達と触れ合い、安定感をもって行動する。
イ　よいことや悪いことがあることに気付き、考えながら行動する。
ウ　自分でできることは自分でする。
エ　幼稚園における生活の仕方を知り、自分たちで生活の場を整えながら見通しをもって
　行動する。

	ア	イ	ウ	エ
1	○	○	×	○
2	×	×	○	○
3	×	○	○	×
4	○	×	×	○
5	○	×	○	×

5　次のア～オの各文のうち、幼稚園教育要領解説（平成 30 年 2 月）第 2 章第 2 節　各
領域に示す事項の 3 歳児に関する記述について、領域とその内容に関する記述の組合せ
が正しいものを全て選択した場合、正しいものの組合せはどれか。1～5から一つ選べ。

ア　領域「表現」
　特に、3 歳児では、例えば、「まぶしいこと」を「目がチクチクする」と感じたこと
をそのままに表現することがある。このような感覚に基づく表現を通して幼児がそれぞ
れの言葉のもつイメージが豊かになり、言葉の感覚は磨かれていく。したがって、教師
は、このような幼児らしい表現を受け止めていくことが大切である。

イ　領域「表現」

　　特に３歳児では、じっと見る、歓声を上げる、身振りで伝えようとするなど言葉以外の様々な方法で感動したことを表現しているので、教師はそれを受容し、共感をもって受け止めることが大切である。

ウ　領域「人間関係」

　　特に、３歳児では、大人から見ると一見やり遂げていないように見えても、幼児なりにやり遂げたと思っていることもある。そのような場合、教師は、幼児の心に寄り添って、そのやり遂げたという気持ちを受け止め、その喜びに共感するとともに、幼児がその達成感を味わうことができるようにすることが大切である。

エ　領域「言葉」

　　特に、３歳児では、生活に必要な言葉の意味や使い方が分からないことがよくある。「みんな」と言われたときに、自分も含まれているとはすぐには理解できないこともあったり、「順番」と言われても、まだどうすればよいのか分からなかったりすることもよくある。教師は、幼児の生活に沿いながらその意味や使い方をその都度具体的に分かるように伝えていくことにより、幼児も次第にそのような言葉の意味が分かり、自分でも使うようになっていくことから、一人一人の実情に沿ったきめ細かな関わりが大切である。

オ　領域「人間関係」

　　特に、３歳児は大人が予期しない行動をとる場合もあり、様々な状況を予測して安全の確保に配慮することが必要であるとともに、教師と一緒に行動しながら個々の状況の中で、幼児なりに安全について考え、安全に気を付けて行動することができるようにする必要がある。

1	イ	エ	オ	
2	ア	イ	ウ	オ
3	イ	ウ	エ	オ
4	イ	ウ	エ	
5	ア	ウ	エ	オ

6　幼稚園教育要領解説（文部科学省　平成30年２月）第２章第３節　環境の構成と保育の 展開に関する記述として、誤っているものはどれか。１〜５から一つ選べ。

1　教師は、一人一人の幼児の中に今何を育みたいのか、一人一人の幼児がどのような体験を必要としているのかを明確にし、幼児がどのような活動の中でどのような体験をしているのかを考慮しながら、教師としての願いを環境の中に盛り込んでいかなければならない。幼児の主体的な活動を通しての発達は、教師が、幼児の周りにある様々なもの

の教育的価値を考慮しながら、綿密に配慮し、構成した環境の下で促されるのである。

2　幼児は遊ぶことによりその遊びの状況を変え、状況を変えつつ遊びを展開させていく。教師は幼児の遊びに関わるとき、幼児の遊びのイメージや意図が実現するようにアドバイスしたり、手助けしたりして幼児が発達に必要な経験を得られるような状況をつくり出すことが大切である。

3　幼児一人一人の活動の意味や取り組み方、環境への関わり方などを正しく把握するためには、ものの性質をよく知った上で、幼児の活動にいつでも参加しようとする姿勢をもち、幼児の内面の動きに目を向け続けていることが必要である。その上で、教師は、幼児の興味や欲求が満たされるような環境を常に構成しなければならない。

4　教師は、幼児が自ら環境に関わり、豊かな体験をしていくことができるように環境を構成するのであるが、その際、教師は、幼児の活動に沿って環境を構成する必要がある。このためには、教師は幼児の視点に立って環境の構成を考えなければならない。

5　幼児の活動への意欲や主体的な活動の展開はどのような環境においても自然に生じるというわけではない。まず、環境全体が緊張や不安を感じさせるような雰囲気では、活動意欲は抑制されてしまう。幼児が安心して周囲の環境に関われるような雰囲気が大切である。その上で、幼児の中に興味や関心がわいてきて、関わらずにはいられないように、そして、自ら次々と活動を展開していくことができるように、配慮され、構成された環境が必要である。

⑺　次のア〜オの各文のうち、幼稚園教育要領（平成29年3月告示）総則　教育課程の役割と編成等に関する記述として正しいもののみを全て挙げているものはどれか。1〜5から一つ選べ。

ア　幼稚園生活が幼児にとって安全なものとなるよう、教職員による協力体制の下、幼児の主体的な活動を大切にしつつ、園庭や園舎などの環境の配慮や指導の工夫を行うこと。

イ　幼稚園においては、幼稚園教育が、小学校以降の生活や学習の基盤の育成につながることに配慮し、小学校で学習する内容を一部取り入れることによって、創造的な思考や主体的な生活態度などの基礎を培うようにするものとする。

ウ　教育課程の編成に当たっては、幼稚園教育において育みたい資質・能力を踏まえつつ、各幼稚園の教育目標を明確にするとともに、教育課程の編成についての基本的な方針が家庭や地域とも共有されるよう努めるものとする。

エ　幼稚園の１日の教育課程に係る教育時間は、４時間を標準とする。ただし、幼児の心身の発達の程度や季節などに適切に配慮するものとする。

1	ア	ウ	エ
2	ア	イ	ウ
3	ア	エ	
4	ウ	エ	
5	イ	エ	

8　幼稚園教育要領（平成 29 年３月）領域「人間関係」の「内容」についての記述として誤っているものを次の１～５から一つ選べ。

1　共同の遊具や用具を大切にし、皆で使う。
2　生活に関係の深い情報や施設などに興味や関心を持つ。
3　友達と積極的に関わりながら喜びや悲しみを共感し合う。
4　いろいろな遊びを楽しみながら物事をやり遂げようとする気持ちをもつ。
5　高齢者をはじめ地域の人々などの自分の生活に関係の深いいろいろな人に親しみをもつ。

9　幼児理解に基づいた評価（文部科学省　平成 31 年３月）には、「日常の保育からどのように評価し、幼稚園幼児指導要録の『指導に関する記録』を記入するか」について書かれている。「指導に関する記録」の「指導上参考になる事項」の欄の記入についての記述として、正しいものを〇・誤ったものを×とした場合、正しい組合せはどれか。１～５から一つ選べ。

ア　幼稚園教育要領第２章「ねらい及び内容」に示された各領域のねらいを視点として、当該幼児の発達の実情から他の幼児と比較し向上が著しいと思われるものを捉えていきます。

イ　実際の記入は年度末に行いますが、年度の初めから幼児の発達する姿を捉え続けながら保育を進め、その過程を記録として残しておくことが大切なのです。

ウ　最終年度の「指導上参考となる事項」欄の記入にあたっては、特に小学校等における児童の指導に生かされるよう、「幼児期の終わりまでに育ってほしい姿」を到達すべき目標として、項目別に幼児の育ちつつある姿を記入します。

エ　幼児の発達を促す観点から問題点を指摘するのではなく、年度当初の姿と比較してそ

の幼児の伸びようとしている面、よさや可能性を捉えることを中心に記述することが大切です。

	ア	イ	ウ	エ
1	×	○	×	○
2	○	○	×	×
3	×	×	○	×
4	○	×	○	○
5	×	○	○	○

⑩ 次の文章は、「指導計画の作成と保育の展開」（文部科学省　平成 25 年 7 月改訂）5 歳児のリレー遊びに関する記録と振り返りから作成した事例である。

　次の文章を、下記の①から③の視点で振り返り、ふさわしいものを選択したとき、正しいものの組合せはどれか。1 ～ 5 から 1 つ選べ。

〈9 月 9 日（水）（5 歳児）〉

　朝からリレーに参加する幼児が多い。チーム分けはジャンケンで行うが意識の薄い幼児は二度、ジャンケンしてしまったり、ジャンケンしないで並んでしまったりしている。

　走ること、だんだんと速くなってきていることがうれしいようであり、エンドレスで走る。差が開きすぎたとき、「どっちが勝っているの？」という言葉が何度か聞かれ、友達と競い合っていることが楽しくなってきている様子である。相手チームとの人数が全然違っていてもゲームが続いており、人数調整して勝敗を競おうとする動きは出てこない。アンカーたすきも「やってみたい」という思いで走り終わった子が近くにいた友達に渡していき、誰がアンカーで走っているのかも分からなくなってしまった。

　b 児は、ぐっと走り方が変わってきた。c 児は、自分がバトンをもらったときに前を走っていると「抜かした」と思っているらしく、誇らしげに報告してくれた。

　d 児と e 児は、ゴールテープを持っているが、庭の中央を二人でぐるぐると回って、最後にはゴールテープは置き去りになっていた。・・・（後略）

---

　4 週間後に運動会を控えていることもあり、教師は、どうにかしてリレーの遊びが運動会へとつながっていくように支えたいと思っていました。しかし、リレーに参加する幼児は多いのに、遊びが続かず終わってしまう実態が悩みでもありました。そこで、この日の記録から、遊びの中で幼児が何を楽しんでいたのか、どのように人やものとかかわりながら遊んでいたのかを次の視点から振り返ってみることにしました。

(114)

① 走る楽しさを味わうことができたか。

A

② 友達の動きを感じながら自分も動いているか。

B

③ チーム対抗の勝負への意識はどうか。

C

ア　チーム分けでのジャンケンの様子や、人数調整して勝敗を競おうとする動きは見られない様子などから、チーム対抗の勝負の意識はまだ芽生えていない。幼児が楽しんでいることは、運動会の競技としてのリレーそのものではなく、そこに向かう過程の、繰り返し自分が走るエンドレスリレーであることが分かる。

イ　朝からリレーに参加する幼児が多いことや、だんだんと速くなってきていることがうれしい様子から、体を動かして遊ぶこと、特に、走ることは、幼児の興味や関心と合っており、面白いと感じて自分から取り組む遊びとなっているようである。その結果、ぐっと走り方が変わってきたb児のように、走り方についての成長も見られる。

ウ　アンカーたすきやゴールテープを扱う様子から、幼児にはそれらへの興味がないため、本来の扱い方を正しく理解させる必要があると言える。また、ジャンケンをしないで並んだり、人数調整をして勝敗を競うようにならないのは、リーダーとなって進められる幼児がいないためであり、チーム対抗の勝負の意識は芽生えていないと言える。

エ　チーム分けの意識や必要性を感じていないものの、チーム分けでのジャンケンの様子のように周囲の友達と同じような動きをしながら遊びに参加しようとしたり、友達と競い合うことが楽しくなってきている様子や「抜かした」と誇らしげに報告する様子のように相手を意識して走ろうとしたりしていることから、友達を感じて自分も動いていることが分かる。

	A	B	C
1	ア	エ	ウ
2	ウ	ア	イ
3	イ	エ	ア
4	エ	イ	ア
5	イ	エ	ウ

⑪　次の文は、幼稚園教育要領（平成29年3月告示）総則　幼稚園教育の基本についての記述である。下線部ア〜エについて正しいものを○、誤っているものを×とした場合、正しい組合せはどれか。1〜5から一つ選べ。

　　幼児期の教育は、生涯にわたる人格形成の基礎を培う重要なものであり、幼稚園教育は、学校教育法に規定する目的及び目標を達成するため、幼児期の特性を踏まえ、環境を通して行うものであることを基本とする。

　　このため教師は、幼児との信頼関係を十分に築き、幼児が身近な環境に主体的に関わり、環境との関わり方や意味に気付き、これらを取り込もうとして、試行錯誤したり、考えたりするようになる幼児期の教育における見方・考え方を生かし、ア教師が主体的に保育を展開するとともに、よりよい教育環境を創造するように努めるものとする。これらを踏まえ、次に示す事項を重視して教育を行わなければならない。

1　幼児は安定した情緒の下で自己を十分に発揮することにより発達に必要な体験を得ていくものであることを考慮して、幼児の主体的な活動を促し、幼児期にふさわしい生活が展開されるようにすること。

2　幼児の自発的な活動としての遊びは、イ心身の調和のとれた発達の基礎を培う重要な学習であることを考慮して、遊びを通しての指導を中心として第2章に示すねらいが総合的に達成されるようにすること。

3　幼児の発達は、ウ心身の諸側面はそれぞれに発達し、多様な経過をたどって成し遂げられていくものであること、また、幼児の生活経験がそれぞれ異なることなどを考慮して、幼児一人一人の特性に応じ、発達の課題に即した指導を行うようにすること。

　　その際、教師は、幼児の主体的な活動が確保されるよう幼児一人一人の行動の理解と予想に基づき、計画的に環境を構成しなければならない。この場合において、教師は、幼児と人やものとの関わりが重要であることを踏まえ、エ教材を工夫し、物的・空間的環境を構成しなければならない。また、幼児一人一人の活動の場面に応じて、様々な役割を果たし、その活動を豊かにしなければならない。

	ア	イ	ウ	エ
1	×	○	×	○
2	×	○	×	×
3	×	○	○	×
4	○	×	×	○
5	○	×	○	×

⑫　次のア〜オの各文は、幼稚園教育要領解説（平成30年2月）第2章第2節　領域「言葉」の内容についての記述として正しいもののみをすべて挙げているものはどれか。1〜5から一つ選べ。

ア　親しみをもっていろいろな挨拶を交わすことができるようになるためには、何よりも教師と幼児、幼児同士の間で温かな雰囲気のつながりがつくられていることが大切である。

イ　絵本や物語、紙芝居などを読み聞かせることは、現実には自分の生活している世界しか知らない幼児にとって、様々なことを想像する楽しみと出会うことになる。登場人物になりきることなどにより、自分の未知の世界に出会うことができ、想像上の世界に思いを巡らすこともできる。

ウ　教師は、幼児の生活に沿いながらその意味や使い方をその都度具体的に分かるように伝えていくことにより、幼児も次第にそのような言葉の意味が分かり、自分でも使うようになっていくことから、一人一人の実情に沿ったきめ細かな関わりが大切である。

エ　幼児期においては、幼児が友達と関わる中で、自分を主張し、自分が受け入れられたり、あるいは拒否されたりしながら、自分や相手に気付いていくという体験が大切である。

オ　幼児は音楽を聴いたり、絵本を見たり、つくったり、かいたり、歌ったり、音楽や言葉などに合わせて身体を動かしたり、何かになったつもりになったりなどして、楽しんだりする。

1	ア	ウ	
2	イ	エ	
3	ア	イ	ウ
4	ア	イ	オ
5	イ	エ	オ

⑬　次の各文のうち、幼児期運動指針（幼児期運動指針策定委員会　平成24年3月）「2　幼児期における運動の意義」についての記述として、誤っているものの組合せはどれか。1〜5から一つ選べ。

ア　遊びから得られる成功体験によって育まれる意欲や有能感は、体を活発に動かす機会を増大させるとともに、何事にも意欲的に取り組む態度を養う。

イ　体調不良を防ぎ、身体的にも精神的にも疲労感を残さない効果があると考えられる。

ウ　幼児期に運動を調整する能力を高めておくことは、児童期までの運動機能の基礎を形成するという重要な意味を持っている。

エ　敏捷な身のこなしや状況判断・予測などの思考判断を要する全身運動は、脳の認知的能力の発達には有効でないが、体力・運動能力の発達促進に有効である。

オ　ルールを守り、自己を抑制し、コミュニケーションを取り合いながら、協調する社会性を養うことができる。

```
1    ア    イ
2    イ    ウ
3    ウ    エ
4    エ    オ
5    ア    オ
```

⑭　次の文は、幼稚園教育要領（平成29年3月告示）領域「環境」の内容の一部である。下線部ア～ウの記述について、内容が正しいものを○、誤っているものを×とした場合、正しい組合せはどれか。1～5から一つ選べ。

・幼児が ア 生活 の中で周囲の環境と関わり、次第に周囲の世界に好奇心を抱き、その意味や操作の仕方に関心をもち、物事の イ 永続性 に気付き、自分なりに考えることができるようになる過程を大切にすること。また、他の幼児の考えなどに触れて新しい考えを生み出す喜びや楽しさを味わい、自分の考えをよりよいものにしようとする気持ちが育つようにすること。

・身近な事象や動植物に対する感動を伝え合い、共感し合うことなどを通して自分から関わろうとする意欲を育てるとともに、様々な関わり方を通してそれらに対する親しみや畏敬の念、 ウ 生命 を大切にする気持ち、公共心、探究心などが養われるようにすること。

```
      ア    イ    ウ
1     ×    ○    ○
2     ○    ×    ×
3     ○    ○    ×
4     ×    ○    ×
5     ×    ×    ○
```

⑮　幼稚園教育要領解説（文部科学省　平成30年2月）第2章第3節　環境の構成と保育の展開に関する記述である。発達のそれぞれの時期によって見られる特徴のある様相と発達の時期に即した環境の構成について、正しいものの組合せはどれか。1〜5から一つ選べ。

〈発達のそれぞれの時期によって見られる特徴のある様相〉

A　入園当初の不安や緊張が解けない時期には、幼児は、日頃家庭で親しんでいる遊具を使って遊ぼうとしたり、自分が安心できる居場所を求めたりする。

B　安定して遊ぶようになると、幼児は同じ場で遊ぶ他の幼児に関心を向けたり、行動の範囲や活動の場を広げるようになる。

C　幼児は、友達と一緒に遊ぶ楽しさや様々な物や人との関わりを広げ深めていくようになる。

〈発達の時期に即した環境の構成〉

ア　友達と力を合わせ、継続して取り組む活動ができる場の構成を工夫することが大切である。　また、友達の刺激を受けながら自分の力を十分発揮していけるように、探究心や挑戦する意欲を高めるような環境の構成が重要である。

イ　一人一人の家庭での生活経験を考慮し、幼児が安心して自分の好きな遊びに取り組めるように、物や場を整えることが必要である。また、教師はできるだけ一人一人との触れ合いをもつようにし、その幼児なりに教師や友達と一緒に過ごす楽しさを感じていけるように穏やかな楽しい雰囲気をつくることが大切である。

ウ　幼児が友達との遊びを安定した状態で進めたり、広げたりできるような場を構成すること、活動の充実に向けて必要な遊具や用具、素材を準備すること、幼児の新たな発想を生み出す刺激となるような働き掛けをすることが大切となる。

	A	B	C
1	ア	ウ	イ
2	イ	ウ	ア
3	ウ	イ	ア
4	ア	イ	ウ
5	イ	ア	ウ

⑯　次のア〜エの各文は、幼稚園教育要領解説（文部科学省　平成30年2月）第3章教育課程に係る教育時間の終了後等に行う教育活動などの留意事項に関する記述の一部である。教育課程に係る教育時間の終了後等に行う教育活動に関する記述として、正しいものを〇、誤っているものを×とした場合、正しい組合せはどれか。1〜5から一つ選べ。

ア　教育課程に係る教育時間外の教育活動は、通常の教育時間前後や長期休業中などに、

地域の実態や保護者の要請に応じて、幼稚園が当該幼稚園の全園児一斉に行う教育活動である。

イ　教育課程に基づく活動を考慮して展開するためには、教育課程に基づく活動を担当する教師と教育課程に係る教育時間の終了後等に行う教育活動を担当する者が、幼児の活動内容や幼児の心と体の健康状態についてお互いに引き継ぎをするなど、緊密な連携を図るようにすることが大切である。

ウ　教育課程に係る教育時間の終了後等に行う教育活動については、地方自治体で決められている日数や時間に合わせた、計画を作成する必要がある。

エ　教育課程に基づく活動と教育課程に係る教育時間の終了後等に行う教育活動は、両方とも幼稚園の教育活動であることから、それぞれを担当する教師が日頃から合同で研修を行うなど緊密な連携を図るとともに、それぞれの担当者がそれぞれの教育活動を等しく担っているという共通理解をもち、幼稚園全体の教師間の協力体制を整備することなども大切である。

	ア	イ	ウ	エ
1	○	○	×	×
2	○	×	○	○
3	×	○	○	○
4	×	×	○	×
5	×	○	×	○

⑰　次のア〜エの各文は、幼稚園教育要領解説（平成30年2月）第2章第3節　環境の構成と保育の展開に示された記述の一部であるが、記述に誤りが含まれているものがある。記述の内容として正しいものを○・誤っているものを×とした場合、正しい組合せはどれか。1〜5から一つ選べ。

ア　教師は、常に幼児が具体的な活動を通して発達に必要な経験を積み重ねていくよう必要な援助を重ねていくことが大切であり、そのためには活動のきっかけを捉え、幼児の活動の理解を深めることが大切である。

イ　幼児の活動の理解に当たっては、活動にかかわっている幼児の表面的な動きや人数などの規模の大きさで理解することが大切である。

ウ　教師がねらいに基づいて構成した環境は幼児の発達に意味のあるものなので、環境を固定しておくことが大切である。

エ　教師は幼児が環境に関わって展開する具体的な活動を通して発達に必要な経験が得られるよう、援助することが重要である。

	ア	イ	ウ	エ
1	○	×	○	×
2	○	○	○	×
3	○	×	×	○
4	×	○	×	○
5	×	×	○	○

⑱　次の文は、幼稚園教育要領（平成29年3月告示）「障害のある幼児などへの指導」についての記述である。下線部ア〜オの記述の内容が正しいものを○、誤っているものを×とした場合、正しい組合せはどれか。1〜5から一つ選べ。

　　障害のある幼児などへの指導に当たっては、集団の中で生活することを通して ア諸能力の個別の発達を促していくこと に配慮し、特別支援学校などの助言又は援助を活用しつつ、個々の幼児の障害の状態などに応じた指導内容や指導方法の工夫を イ組織的かつ画一的に行う ものとする。また、家庭、地域及び医療や福祉、保健等の業務を行う関係機関との連携を図り、ウ長期的な視点 で幼児への教育的支援を行うために、エ個別の教育支援計画 を作成し活用することに努めるとともに、個々の幼児の実態を的確に把握し、オ個別の指導計画 を作成し活用することに努めるものとする。

	ア	イ	ウ	エ	オ
1	×	×	×	○	○
2	○	×	○	×	○
3	×	○	×	○	○
4	○	○	×	○	×
5	×	×	○	○	○

⑲　次のア〜エの各文は、幼稚園教育要領解説（平成30年2月）第2章第2節　領域「健康」の内容の取扱いについての記述の一部であるが、記述に誤りが含まれているものがある。内容の取扱いについての記述として誤っているものの組合せはどれか。1〜5から一つ選べ。

ア　様々な遊びの中で、多様な動きに親しむことは幼児期に必要な基本的な動きを身に付ける上で大切である。そのために教師は特定の動きに特化した指導を行うことが必要である。

イ　食生活の基本は、まず家庭で育まれることから家庭との連携は大切である。特に、食物アレルギーなどをもつ幼児に対しては、家庭との連携を図り、医師の診断など必要な情報を得て、適切な対応を行うなど、十分な配慮をする必要がある。

ウ　基本的な生活習慣の形成に当たっては、幼児が一つ一つの生活行動を確実に身につけられるように、幼稚園の生活の流れの中で、行動様式を繰り返して行わせることによって習慣化させる指導を行うことが大切である。

エ　幼稚園生活の中では安全を確保するために、場合によっては、厳しく指示したり、注意したりすることも必要である。その際、幼児自身が何をしてはいけないか、なぜしてはいけないのかを考えるようにすることも大切である。

1	ア	イ
2	ア	ウ
3	ア	エ
4	イ	ウ
5	イ	エ

⑳　次の各文のうち、〔　　　〕内に示されている法規名と、条文または条文の一部の組合せとして誤っているものはどれか。1～5から一つ選べ。

1　〔教育基本法〕
　　幼児期の教育は、生涯にわたる人格形成の基礎を培う重要なものであることにかんがみ、国及び地方公共団体は、幼児の健やかな成長に資する良好な環境の整備その他適当な方法によって、その振興に努めなければならない。

2　〔学校教育法〕
　　幼稚園に入園することのできる者は、満三歳から、小学校就学の始期に達するまでの幼児とする。

3　〔学校教育法施行規則〕
　　幼稚園の毎学年の教育週数は、特別の事情のある場合を除き、三十九週を下つてはならない。

4　〔教育基本法〕
　　幼稚園は、義務教育及びその後の教育の基礎を培うものとして、幼児を保育し、幼児の健やかな成長のために適当な環境を与えて、その心身の発達を助長することを目的とする。

5 〔教育基本法〕

　父母その他の保護者は、子の教育について第一義的責任を有するものであって、生活のために必要な習慣を身に付けさせるとともに、自立心を育成し、心身の調和のとれた発達を図るよう努めるものとする。

▼　幼稚園教諭採用試験問題 1　解答 & 解説　▼

① 2

〈解説〉幼稚園教育内容と小学校教育の接続の問題である。それぞれの保育内容・指導内容が一貫性のあるものでなくてはなりません。幼稚園は幼稚園、小学校は小学校という独自のものではなく、保育と教育の連続性・一貫性を保つことが大切。

② 1

〈解説〉幼稚園教育要領第一章第一節に「…幼稚園教育は、学校教育法に規定する目的及び目標を達成するため、幼児期の特性を踏まえ、環境を通して行うものであることを基本とする。」と定められている。

③ 4

〈解説〉「危険」に対する認識は日常の園生活の中で常に念頭において活動しなければならない。不慮の事故は予期せぬ時に発生するものです。事故発生後の処置についても常に念頭において整備しておくことが大切です。

④ 4

〈解説〉幼稚園教育要領、保育指針等については十分に目を通しておくこと。

⑤ 4

〈解説〉保育所保育指針では保育の内容を 3 歳児未満と以上とに分け、幼稚園教育要領でも・健康・人間関係・環境・言葉・表現の五領域に分けている。

⑥ 3

〈解説〉教育・保育は人を育てる活動である。一人一人の子どもの活動や取り組みが常に満たされることではない。教育・保育活動は満たされていく過程が大切である。

⑦ 1

〈解説〉保育・教育活動は小学校教育活動に連携はするが、小学校教育活動を行うものではない。

⑧ 2

〈解説〉幼稚園教育要領「人間関係」のねらいは「園生活を楽しみ自分の力で行動することの充実感を味わう。」など 3 項目からなっている。

⑨ 1

〈解説〉「指導に関する記録」をする場合、他児と比較して個人を評価するのではない。

⑩ 3

〈解説〉幼児一人一人が、リレーについて自分から取り組んでいる姿勢を評価して、個から集への変化の過程をみのがさないように。

⑪ 1

〈解説〉保育は幼児の主体性を尊重することが原則で、教師の主体性で保育がなされるのではない。

⑫ 3

〈解説〉「言語」の内容からみていくこと。エは人間関係、オは表現の内容である。

⓭　3

〈解説〉幼児期における運動能力の向上は、幼児の日常生活の中から身についていくものである。

⓮　5

〈解説〉アー遊び、イー法則性で幼稚園教育要領－環境－3　内容の取り扱い－からの出題である。「幼稚園教育要領」はしっかりと理解しておくこと。

⓯　2

〈解説〉幼稚園教育要領－環境－の発達の時期にみられる幼児の特徴について問う問題である。環境構成には日常生活の中で常に配慮しなければならない。

⓰　5

〈解説〉幼児の園における生活は。教育課程に係る教育時間。終了後等に行う幼児の活動－ともに教育活動であることを理解しておくこと。

⓱　3

〈解説〉保育活動

⓲　5

〈解説〉障害を受けている幼児の保育については、全体的な発達を促していくことに配慮し、個々の幼児の発達の特性を十分理解し、画一的に行うものではない。家庭、地域、医療、福祉等の関係機関との連携を保ち、個別の支援計画を作成し、保育を行うことが必要である。

⓳　2

〈解説〉厳しく指導したり、注意することも、大切な保育活動である。しかし、なぜ注意されているのか、幼児の理解をこえた指示とか注意は、してはならない。

⓴　4

〈解説〉教育基本法ではなく、学校教育法第22条〈幼稚園の目的〉からの出題。

● 教科専門　問題集　2

1　次の文は、「幼稚園、小学校、中学校、高等学校及び特別支援学校の学習指導要領等の改善及び必要な方策等について（答申）」（平成 28 年 12 月 21 日中央教育審議会）述べられているものである。「幼稚園教育要領」（平成 29 年 3 月文部科学省）の具体的な改訂の方向性として適切なものを①〜⑩から 5 つ選び、番号で答えよ。

① 安全な生活や社会づくりに必要な資質・能力を育む観点から、状況に応じて自ら機敏に行動することができるようにするとともに、安全についての理解を深めるようにする。

② カリキュラム・マネジメントは、園長など管理職が幼稚園等の特色を構築していく営みであり、園長など管理職が行っていくことが重要である。また、こうしたカリキュラム・マネジメントを実施していくためには、教員が教育課程を園長など管理職の指導に従い実施していくという基本的な姿勢を持つことも重要である。

③ 「幼児期の終わりまでに育ってほしい姿」や小学校の学びを念頭に置きながら、幼児の到達度を決め、何ができるか、できないかを明確に評価し、一つ一つの項目の目標に対して、指導を行うことが必要である。

④ 幼児教育における「見方, 考え方」は、幼児一人一人の発達に即するのではなく、クラス集団として落ち着き、教員が話している内容を理解できるかということが重要となる。そのために、教員は幼児に環境との関わり方や意味を教え、一つ一つの教育内容を個別に取り出して学ばせるように配慮する。

⑤ 幼児期における多様な運動経験の重要性の指摘を踏まえ、幼児が遊ぶ中で体の諸部位を使った様々な体験を重視するとともに、食の大切さに気付いたり、食に対する態度を身に付けたりすることを通じて、幼児の心身の健やかな成長の増進を図るようにする。

⑥ 学びの過程の重要性を踏まえ、具体的な活動の中で、比べる、関連付ける、総合するといった、思考の過程を示すなど、思考力の芽生えを育むようにする。

⑦ 視聴覚教材等については、幼児教育では、直接体験が重要であることを踏まえつつ、例えば、日頃の幼稚園生活では体験することが難しい体験を補完したりする場合や、幼児がより深く知りたいと思ったり、体験を深めたいと思ったりした場合の活用法を示すことを検討する。

⑧ 幼児期における言語活動の重要性を踏まえ、幼児が言葉のリズムや響きを楽しんだり、知っている言葉を様々に使いながら、未知の言葉と出合ったりする中で、言葉の獲得の楽しさを感じたり、友達や教員と言葉でやり取りしながら自分の考えをまとめたりするようにする。

⑨ 育成を目指す資質・能力については、幼児教育から高等学校教育までを通じて、見通しを持って系統的に示す必要があることから、幼稚園教育要領における領域構成を削除して、資質・能力の 3 つの柱に沿って、内容の見直しを図る。

⑩ 教育内容の質の向上に向けて、幼児教育においては、幼児の姿や就学後の状況、家庭や地域の現状等に基づき、教育課程を編成し、実施し評価して改善を図る一連の PDCA サイクルの確立は必要ではない。

② 次の（ア）〜（コ）は、「幼稚園 教育要領 第2章 ねらい及び内容」（平成29年3月文部科学省）に述べられている5領域の「内容」の一部である。どの領域に属するかを①〜⑤から選び、番号で答えよ。但し、同じ選択肢を複数回使用してもよい。

(ア) 自分でできることは自分でする。

(イ) いろいろな遊びの中で十分に体を動かす。

(ウ) 人の話を注意して聞き、相手に分かるように話す。

(エ) 自然などの身近な事象に関心をもち、取り入れて遊ぶ。

(オ) いろいろな素材に親しみ、工夫して遊ぶ。

(カ) 幼稚園における生活の仕方を知り、自分たちで生活の場を整えながら見通しをもって行動する。

(キ) いろいろな遊びを楽しみながら物事をやり遂げようとする気持ちをもつ。

(ク) 身近な物や遊具に興味をもって関わり、自分なりに比べたり、関連付けたりしながら考えたり、試したりして工夫して遊ぶ。

(ケ) 先生や友達の言葉や話に興味や関心をもち、親しみをもって聞いたり、話したりする。

(コ) 日常生活の中で、我が国や地域社会における様々な文化や伝統に親しむ。

　　①健康　　　②人間関係　　③環境　　　④言葉　　　⑤表現

③ 次の文は「幼稚園教育要領　第1章　総則」（平成29年3月文部科学省）に述べられているものである。(ア)〜(オ)にあてはまる適切な語句を①〜⑨から選び、番号で答えよ。

1　障害のある幼児などへの指導

　障害のある幼児などへの指導に当たっては、集団の中で生活することを通して全体的な発達を促していくことに配慮し、(ア)などの助言又は援助を活用しつつ、個々の幼児の障害の状態などに応じた(イ)の工夫を組織的かつ計画的に行うものとする。また、家庭、地域及び医療や福祉、保健等の業務を行う関係機関との連携を図り、(ウ)な視点で幼児への教育的支援を行うために、個別の教育支援計画を作成し活用することに努めるとともに、(エ)を的確に把握し、個別の指導計画を作成し活用することに努めるものとする。

2　海外から帰国した幼児や生活に必要な(オ)の習得に困難のある幼児の幼稚園生活への適応

　海外から帰国した幼児や生活に必要な(オ)の習得に困難のある幼児については、安心して自己を発揮できるよう配慮するなど(エ)に応じ、(イ)の工夫を組織的かつ計画的に行うものとする。

①	指導内容や指導方法	②	長期的	③	特別支援学校
④	全体的な発達	⑤	日本語	⑥	障害の種類や程度
⑦	言葉	⑧	個々の幼児の実態	⑨	総合的

④　次の文は「幼稚園教育要領　第3章　教育課程に係る教育時間の終了後等に行う教育活動などの留意事項」（平成29年3月文部科学省）に述べられているものである。（ア）〜（オ）にあてはまる適切な語句を①〜⑨から選び、番号で答えよ。

1　地域の実態や保護者の要請により、教育課程に係る教育時間の終了後等に希望する者を対象に行う教育活動については、幼児の（ア）に配慮するものとする。また、次の点にも留意するものとする。

⑴　教育課程に基づく活動を考慮し、幼児期にふさわしい無理のないものとなるようにすること。その際、教育課程に基づく活動を担当する教師と緊密な連携を図るようにすること。

⑵　家庭や地域での幼児の生活も考慮し、教育課程に係る教育時間の終了後等に行う教育活動の（イ）ようにすること。その際、地域の人々と連携するなど、地域の様々な資源を活用しつつ、多様な体験ができるようにすること。

⑶　家庭との緊密な連携を図るようにすること。その際、情報交換の機会を設けたりするなど、保護者が、（ウ）という意識が高まるようにすること。

⑷　地域の実態や保護者の事情とともに幼児の生活のリズムを踏まえつつ、例えば実施日数や時間などについて、（エ）に配慮すること。

⑸　適切な責任体制と指導体制を整備した上で行うようにすること。

2　幼稚園の運営に当たっては、子育ての支援のために保護者や地域の人々に機能や施設を開放して、園内体制の整備や関係機関との連携及び協力に配慮しつつ、幼児期の教育に関する相談に応じたり、情報を提供したり、幼児と保護者との登園を受け入れたり、保護者同士の交流の機会を提供したりするなど、幼稚園と家庭が一体となって幼児と関わる取組を進め、地域における幼児期の教育のセンターとしての役割を果たすよう努めるものとする。その際、（オ）、地域の子育て経験者等と連携・協働しながら取り組むよう配慮するものとする。

①	弾力的な運用	②	健やかな成長	③	近隣学校
④	幼稚園と共に幼児を育てる	⑤	心理や保健の専門家	⑥	心身の負担
⑦	内容を見直す	⑧	計画を作成する	⑨	家庭の教育力を向上させる

⑤　次の文は、幼稚園教育指導資料第3集「幼児理解と評価」（平成22年7月改訂文部科学省）に述べられているものである。よりよい保育を展開していくための幼児理解について適切なものを①～⑩から5つ選び、番号で答えよ。

①　幼児を肯定的に見るとは、他の幼児との比較で優劣を付け、優れている面を拾い上げることである。

②　活動の意味とは、幼児自身がその活動において実現しようとしていること、そこで経験していることであり、教師がその活動に設定した目的などではない。

③　幼児の発達する姿は、自己主張や異議申し立て、反抗やこだわりなどとして表されることはない。

④　幼稚園における「ねらい」は育つ方向性ではなく到達目標を示したものである。

⑤　幼児理解は、教師が幼児を一方的に理解しようとすることだけで成り立つものではなく、幼児も教師を理解するという相互理解によるものである。

⑥　教師が身体全体で幼児に触れ、その思いや気持ちを丁寧に感じ取ろうとする姿勢をもっことが大切で

⑦　幼児理解は、教師の前で示す幼児の姿からのみとらえ、その姿から幼稚園という生活の場や教師をどのように見ているかを理解する。

⑧　保育を改善することは、幼児の生活する姿からその子らしさや、経験していること、伸びようとしていることをとらえるというような、いわゆる幼児理解だけでできることではない。

⑨　親が幼稚園と一緒になって、幼児の教育について考えていこうという気持ちをもっためには、日常の教師の態度が打ち解けたものであり、安心して我が子と幼稚園の話ができるような情報を伝えることが必要である。

⑩　幼児を理解することも、評価することも、子供の育ちをとらえるためのものであり、教師が自分自身の保育を見直し、改善するためのものではない。

⑥　次の（ア）～（オ）の生き物について、それぞれ適切でないものを①～④から選び、番号で答えよ。

（ア）　アゲハ
　　①　たまごから成虫になるまで、2週間ほどかかる。
　　②　幼虫は、ミカンやサンショウ、カラタチ、キハダなどの葉を食べる。
　　③　幼虫は、鳥などに攻撃されると、嫌なにおいのする黄色い角を出して、身を守る。
　　④　羽化は、おおむね朝方に行われることが多い。

（イ）　ナナホシテントウ
　　①　たまごから成になるまでは、およそ1か月である。
　　②　幼虫も成虫もアブラムシを食べる。

③　成虫は、鳥などに攻撃されると、嫌なにおいや味のする黄色い汁を出して、身を守る。

④　幼虫同士は共食いしないので、一緒に飼育してもよい。

（ウ）　カマキリ

①　幼虫も成虫も、昆虫などの小動物を食べる。

②　共食いをさけるため、1匹ずっ飼うのが基本である。

③　水をよく飲む。

④　昼に活動し、夜は活動しない。

（エ）　カタツムリ

①　陸に住んでいるが、貝の仲間である。

②　歯がないので、藻類や植物の葉、腐葉土などを粘液で溶かして食べる。

③　1匹で雄・雌の両方の機能をもっている雌雄同体という生き物である。

④　真夏の暑い時期は体が乾燥してしまうので、木や草のかげで、殻の入り口に膜を張り、秋の雨が多くなる時期まで眠って過ごす。

（オ）　ニホンアマガエル

①　オタマジャクシは、1か月ほど水中でくらす。

②　オタマジャクシは、先に前足が生え、その後、後ろ足が生える。

③　両生類の仲間で、オタマジャクシのときにはえら呼吸をし、カエルになると、肺で呼吸する。

④　ニホンアマガエルの足には吸盤がある。

7　造形に用いる材料や用具について、次の問いに答えよ。

(1)　次の（ア）～（エ）について、適切なものは①、適切でないものは②を選び、番号で答えよ。

（ア）　紙には縦目と横目のある物があり、折ったりやぶったりする活動では注意が必要だが、新聞紙は再生紙を原料とするため、縦目・横目はない。

（イ）　化学接着剤は付けるものを選ばないので、どんな材料でも付けることができるので便利である。

（ウ）　のりを使って紙を接着する際の基本は、ムラなく、薄く、全面に手早く付けることである。

（エ）　クレヨンは、ロウ分が多く含まれるので、水彩絵の具をはじくバチックなどの表現に使用できる。

⑵　水彩絵の具の使用に適さない表現を次の①〜⑤から選び、番号で答えよ。

　　① デカルコマニー（合わせ絵）

　　② フロッタージュ（こすりだし）

　　③ フィンガーペインティング

　　④ にじみ

　　⑤ ドリッピング（吹き流し）

⑧　次の（ア）〜（オ）の絵本の一節をＡ群の①〜⑤から、作者名をＢ群の⑥〜⑩から、それぞれ選び、番号で答えよ。

　　㋐ いたずらきかんしゃちゅうちゅう

　　㋑ かもさんおとおり

　　㋒ はなのすきなうし

　　㋓ ちいさなねこ

　　㋔ ふらいぱんじいさん

Ａ群

① 「そうだ、ひろい　よのなかに　でれば、

　　この　わしだって、なにか

　　やれそうなものだ。よし、でかけよう。

　　あたらしい　せかいで、だれかが　わしを

　　まっているかもしれない。」

② ジムと　オーリーと　アーチボールドは

　　かけて　かけて　くたびれて、もう

　　これいじょうは　かけられなくなりました。

③ こうえんに　すてきないけが　あって、そのなかに　ちいさなしまが　ありました。

　　「こんや　やすむのに　おあつらえむきのばしょだね」と、

　　マラードさんが　いいました。

④ ふぇるじなんどのおかあさんは、

　　ときどき、むすこの　ことが　しんぱいに　なりました。

　　ひとりぽっちで　さびしくは　ないかしらと、おもうのでした。

⑤ そして、また　どんどん

　　はしっていく。

　　あ、じどうしゃの　ほうへ

　　とびだした。

　　あぶない！

B 群

	作	絵	訳
⑥	石井桃子	横内襄	
⑦	マンロー・リーフ	ロバート・ローソン	光吉夏弥
⑧	神沢利子	堀内誠一	
⑨	ロバート・マックロスキー	ロバート・マックロスキー	わたなべ しげお
⑩	バージニア・リー・バートン	バージニア・リー・バートン	むらおか はなこ

▼ 幼稚園教諭採用試験問題2　解答 & 解説 ▼

① ①⑤⑥⑦⑧
〈解説〉幼稚園教育は教育基本法に示されているように、「生涯にわたる人格形成の基礎を培う重要な時期」であるため、「良好な環境の整備」が必要である。「安全」「食に対して心身の成長」「思考力の芽ばえ」「探求心の芽ばえ」は、大切な幼稚園教育の柱である。

② ア—2　イ—1　ウ—4　エ—3　オ—5　カ—1　キ—2　ク—3　ケ—4　コ—3
〈解説〉幼稚園教育要領に示されている5領域に関する出題。。健康〈健康な心と体を育て、自ら健康で安全な生活をつくり出す力〉。人間関係〈他の人々と親しみ、支え合って生活するために自立心を養い人と関わる力〉。環境〈周囲の様々な環境に好奇心や探求心をもって関わり、それらを生活の中に取り入れていこうとする力〉。言葉〈経験したことや考えたことなどを自分なりの言葉で表現し、相手の話を聞こうとする意識や態度を育て、言葉に対する感覚や言葉で表現する力。〉。表現〈感じたことやかんがえたことを自分なりに表現することを通して豊かな感性や表現する力を養い、創造性を豊かにする。〉

③ ア—3　イ—1　ウ—2　エ—8　オ—5
〈解説〉障害のある幼児の保育に関しては、障害の特性や状態について理解する必要がある。地域の特別支援学校・医療機関との連携が大切である。それらの支援を受けながら個別の指導計画を立て、園全体として協力体制を整備することが必要である。

④ ア—6　イ—8　ウ—4　エ—1　オ—5
〈解説〉園と地域（保護者の種々関係する団体等）との関係については、園児を介在とする場合は園児の心身の負担を十分配慮することが重要である。園児の多様な体験の場と理解することも大切であるが、内容を検討し、心理や保健の専門家、地域の子育て経験者等と連携・協働しながら取り組むよう配慮するものとする。

⑤ ②⑤⑥⑧⑨
〈解説〉教師の「幼児理解」の基本事項を問う問題である。幼児の幼稚園における生活が教師とどういう関係におかれるか。教師が日常保育活動の中で一人一人の幼児をどう生かしているかによって、教師と幼児の関係、更に保護者との関係が成り立つものである。

⑥ ア—①　イ—④　ウ—④　エ—②　オ—②
〈解説〉幼児の身近な飼育材料である。保育室等で飼育するためには、動植物の特性を理解したうえで飼育することが大切である。

⑦ ア—②　イ—②　ウ—①　エ—①
〈解説〉造形材料の特性を問う問題である。日常の保育活動で種々経験する事象でもある。

⑧
	ア	イ	ウ	エ	オ
A群	②	③	④	⑤	①
B群	⑩	⑨	⑦	⑥	⑧

〈解説〉幼児教育にかかわりたいと希望するものは、平常から幼児絵本、玩具等に興味関心をもっておくことが大切である。

▼ 第三部　幼稚園教諭資格認定試験問題 ▼

● 教職に関する科目　Ⅰ

① キルパトリック (Kilpatrick, W. H.) による「プロジェクト・メソッド」について述べた記述として最も適切なものを、次のア〜エの中から一つ選んで記号で答えなさい。

　ア　さながらの生活―自由・設備自己充実―充実指導―誘導―教導―子どもの生活からはじまる保育論
　イ　幼児の自己活動を促進するための遊び、道具を使った保育
　ウ　学習者自身が社会的環境の中で目的のある活動を企画・実行することを重視する教育方法
　エ「感覚の敏感期」を利用し意識して、感覚器官を使って行う保育法

② 次の文章は、ある人物について述べたものである。その人物名として最も適切なものを下のア〜エの中から一つ選んで記号で答えなさい。

　イギリスの産業革命期、女性や子どもが工場に徴用されるようになったことから、家庭育児の機会減少や養育環境の悪化を憂えた。自身の経営するニューラナークの紡績工場内に「性格形成学院」を設置し、女性労働者の子どもや児童労働者を対象に教育活動を行った。

　　(ア)　モンテッソーリ (Montessori, M.)
　　(イ)　オウエン (Owen, R.)
　　(ウ)　コメニウス (Comenius, J. A.)
　　(エ)　ペスタロッチ (Pestalozzi, J. H.)

③ 自閉スペクトラム症 (ASD) に関して必ず該当する説明として適切でないものを、次のア〜エの中から一つ選んで記号で答えなさい。

　　ア　脳機能に障害がある。
　　イ　感情の共有に困難がある。
　　ウ　社会的コミュニケーションにおいて障害がある。
　　エ　知的能力障害がある。

④　次の文章中の（　　　）に当てはまる語句として最も適切なものを、下のア～エの中から
一つ選んで記号で答えなさい。

　　（　　　　）は、他者の考えや意図といった心のはたらきを理解し、他者の行動を予測す
ることができる認知能力である。幼児期に発達することが知られており、誤信念課題など
を用いてその発達過程を見ることができる。

　　　　ア　自己中心性　　　イ　心の理論　　　　ウ　9ヶ月革命　　　エ　精神間機能

⑤　「学校教育法」(昭和22年法律第26号)の条文として正しいものを、次のア～エの中
から一つ選んで記号で答えなさい。

　ア　学校においては、別に法律で定めるところにより、幼児、児童、生徒及び学生並びに
　　職員の健康の保持増進を図るため、必要に応じて健康診断を行い、その他その保健に必
　　要な措置を講じることができる。
　イ　幼稚園は、義務教育及びその後の教育の基礎を培うものとして、幼児を保育し、幼児の
　　健やかな成長のために適当な環境を与えて、その心身の発達を助長することを目的とする。
　ウ　園長は、幼児の保育をつかさどり、並びに教諭その他の職員に対して、保育の改善及
　　び充実のために必要な指導及び助言を行う。
　エ　特別支援学校は、視覚障害者、聴覚障害者、知的障害者、肢体不自由者又は病弱者(身
　　体虚弱者を含む。(略)に対して、幼稚園、小学校、中学校又は高等学校に準ずる教育
　　を施すとともに、障害による生活上の困難を克服し自立を図るために必要な思考力、判
　　断力、表現力を授けることを目的とする。

⑥　「教育基本法」(平成18年法律第120号)の条文として正しいものを、次のア～エの
中から一つ選んで記号で答えなさい。

　ア　教育公務員は、その職責を遂行するために、絶えず研修に努めなければならない。
　イ　幼児期の教育は生涯にわたる学力の基礎を培う重要なものであることにかんがみ、国
　　及び地方公共団体は、幼児の健やかな成長に資する良好な学習環境の整備その他適当な
　　方法によって、その振興に努めなければならない。
　ウ　教育は、人格の完成を目指し、平和で民主的な国家及び社会の形成者として必要な資
　　質を備えた、心身ともに健康な国民の育成を期して行われなければならない。
　エ　法律に定める学校の教員は、子どもの教育について第一義的責任を有するものであっ
　　て、生活のために必要な習慣を身に付けさせるとともに、自立心を育成し、心身の調和
　　のとれた発達を図るよう努めるものとする。

⑦　「日本国憲法」(昭和 21 年憲法) の条文として正しいものを、次のア〜エの中から一つ
選んで記号で答えなさい。

　ア　すべて国民は、ひとしく、その学力および適正に応じた教育を受ける機会を与えられ
　　なければならず、人種、信条、性別、社会的身分、経済的地位又は門地によって、教育
　　上差別されない。
　イ　国民は、すべての基本的人権の享有を妨げられない。この憲法が国民に保障する基本
　　的人権は、侵すことのできない永久の権利として、現在及び将来の国民に与へられる。
　ウ　公務員を選定し、及びこれを罷免することは、任命権者の職責である。
　エ　国民は、その保護する子に、別に法律で定めるところにより、幼児教育を受けさせな
　　ければならない。

⑧　「学校保健安全法」(昭和 33 年法律第 56 号) の条文として誤っているものを、次のア
〜エの中から一つ選んで記号で答えなさい。

　ア　学校においては、児童生徒の心身の健康の保持増進を図るため、児童生徒の健康診断
　　について計画を策定することができる。
　イ　学校には、健康診断、健康相談、保健指導、救急処置その他の保健に関する措置を行
　　うため、保健室を設けるものとする。
　ウ　校長は、感染症にかかっており、かかっている疑いがあり、又はかかるおそれのある
　　児童生徒等があるときは、政令で定めるところにより、出席を停止させることができる。
　エ　学校においては、児童生徒等の心身の健康に関し、健康相談を行うものとする。

⑨　障害者差別解消法（「障害を理由とする差別の解消の推進に関する法律」(平成 25 年法
律第 65 号) により、障害者への「合理的配慮の提供」が求められているが、これに関す
る説明として適切なものを、次のア〜エの中から一つ選んで記号で答えなさい。

　ア　民間の事業者は、合理的配慮の提供に努める必要がない。
　イ　行政機関等は、障害者から社会的障壁の除去を必要としているとの意思の表明があっ
　　た場合に、負担が重すぎない範囲で対応しなければならない。
　ウ　この法律でいう障害者とは、障害者手帳を持っている人のことである。
　エ　配慮の提供に関して、過重な負担があると判断した場合は行政の自主的判断により決
　　定し、障害者にその理由を説明する必要は一切ない。

⑩　次の文章は、ある人物について述べたものである。その人物として最も適切なものを、
下のア〜エの中から一つ選んで記号で答えなさい。

　1947（昭和22）年制定の「学校教育法」の草案作りや、幼稚園教育要領作成にたずさわるなど幼児教育の発展に尽力した。保育とは、外からの保護と内からの発達を助けることが一体となったものであると考えた。著書に『倉橋惣三・その人と思想』がある。

　　ア　橋詰良一　　　イ　坂元彦太郎　　　ウ　森　有礼　　　エ　及川平治

11　次の文は、ある人物について述べたものである。その人物名として最も適切なものを、下のア〜エの中から一つ選んで記号で答えなさい。

　　大正・昭和期に、幼児にふさわしい遊戯の創作をめざし、リズミカルな歌曲に動作を振り付けた「律動遊戯」と、童謡などに動作を振り付けた「律動的表情遊戯」を提唱した。

　　ア　野口幽香　　　イ　新美南吉　　　ウ　土川五郎　　　エ　赤沢鐘美

12　「幼稚園と保育所の施設の共用化等に関する指針について」（平成10年3月10日文初幼第476号児発第130号）に示された記述の内容として最も適切なものを、次のア〜エの中から一つ選んで記号で答えなさい。

　ア　幼稚園と保育所が共用化された施設について必要とされる基準面積は、それぞれ幼稚園設置基準、児童福祉施設最低基準によりクラス数を基に算定するものとする。
　イ　幼稚園と保育所が共用化されている施設における職員の数については、幼稚園設置基準により算定するものとする。
　ウ　幼稚園と保育所が共用化された施設に備える園具・教具・用具については、幼稚園と保育所がそれぞれに分けて使用するものとする。
　エ　幼稚園と保育所が共用化されている施設においては、教育・保育内容に関し、合同で研修を実施するように努める。

13　「幼稚園施設整備指針」（平成28年3月　文部科学省大臣官房文教施設企画部）の「第4章　園庭計画　第2　運動スペース」に示された記述として適切でないものを、次のア〜エの中から一つ選んで記号で答えなさい。

　ア　運動や遊びの種類、設置する遊具の利用形態等に応じて、必要な面積、形状等を確保できる計図・設計とすることが重要である。
　イ　構造及び仕様は、表面が平滑で、適度な弾力性を備え、また、適度の保水性と良好な排水性を確保するように計画し、設計することが重要である。
　ウ　必要に応じ、東屋やパーゴラ等、日除けのための施設を適当な通風の得られる位置に

設けることも有効である。

エ　屋上での運動については活動に伴い発生する騒音やボール等の落下などによる周辺地域等への影響があるため、実施しない。

⑭　次の文は、「教育基本法」（平成18年12月22日第120号）の条文である。文中の（①）〜（③）に当てはまる語句の組合せとして正しいものを、下のア〜エの中から一つ選んで記号で答えなさい。

（教育の機会均等）
第4条　すべて国民は、ひとしく、その能力に応じた教育を受ける機会を与えられなければならず、人種、（①）、性別、社会的身分、経済的地位又は門地によって、教育上差別されない。
2　国及び地方公共団体は、障害のある者が、その障害の状態に応じ、十分な教育を受けられるよう、教育上必要な（②）を講じなければならない。
3　国及び地方公共団体は、能力があるにもかかわらず、経済的理由によって（③）が困難な者に対して、奨学の措置を講じなければならない。

	①	②	③
ア	理念	援助	修学
イ	信条	支援	修学
ウ	信条	援助	学修
エ	理念	支援	学修

⑮　次の文は、「幼稚園教育要領」（平成29年文部科学省告示第62号）「第1章　総則　第1　幼稚園教育の基本」に示された記述である。文中の（①）〜（③）に当てはまる語句の組合せとして正しいものを、下のア〜エの中から一つ選んで記号で答えなさい。

幼児の発達は、心身の諸側面が相互に関連し合い、（①）な経過をたどって成し遂げられていくものであること、また、幼児の（②）がそれぞれ異なることなどを考慮して、幼児一人一人の（③）に応じ、発達の課題に即した指導を行うようにすること。

	①	②	③
ア	一様	生活経験	活動
イ	多様	教育環境	活動
ウ	多様	生活経験	特性
エ	一様	教育環境	特性

● 教職に関する科目Ⅱ

① 次の文は、「幼稚園教育要領」（平成29年文部科学省告示第62号）「第1章総則第1　幼稚園教育の基本」の一文である。文中の（　）に当てはまる語句の組合せとして正しいものを、下のア〜エの中から一つ選んで記号で答えなさい。

　　教師は幼児との信頼関係を十分に築き、幼児が身近な環境に（　①　）に関わり、環境との関わり方や意味に気付き、これらを取り込もうとして（　②　）したり、考えたりするようになる幼児期の教育の教育における見方・考え方を生かし、幼児と共によりよい（　③　）を創造するように努めるものとする。

	①	②	③
ア	主体的	工夫	生活環境
イ	自発的	工夫	教育環境
ウ	主体的	試行錯誤	教育環境
エ	自発的	試行錯誤	生活環境

② 『幼稚園教育要領解説』（平成30年3月文部科学省）[第1章総説第2節　幼稚園教育において育みたい資質・能力及び『幼児期の終わりまでに育ってほしい姿』に示された内容として適切でないものを、次のア〜エの中から一つ選んで記号で答えなさい。

　ア　小学校の教師と「幼児期の終わりまで、に育ってほしい姿」を手掛かりに子どもの姿を共有するなど、幼稚園教育と小学校教育の円滑な接続を図ることが大切である。
　イ　3歳児、4歳児の時期から、幼児が発達していく方向を意識して、それぞれの時期にふさわしい指導を積み重ねていくことに留意する必要がある。
　ウ「幼児期の終わりまでに育ってほしい姿」は、幼稚園修了時までに到達すべき目標として指導することが求められる。
　エ「幼児期の終わりまで、に育ってほしい姿」が個別に取り出されて指導されるものではないことに十分留意する必要がある。

③ 次の文は、「幼稚園教育要領解説」（平成30年3月　文部科学省）「第1章総説　第3節「教育課程の役割と編成等」の一文である。文中の（　）に当てはまる語句として適切なものを、下のア〜エの中から一つ選んで記号で答えなさい。

　　園長は、全体的な計画にも留意しながら「幼児期の終わりまでに育ってほしい姿」を踏まえて教育課程を編成すること、教育課程の実施に必要な人的または物的な体制を確保して改善を図っていくことなどを通して、各幼稚園の教育課程に基づき、全教職員の協力体制の下、

組織的かっ計画的に教育活動の質の向上を図る（　　　）を実施することが求められる。

  ㋐ 自己評価   ㋑ カリキュラム・マネジメント
  ㋒ 第二者評価 ㋓ PDCA サイクル

④　「幼稚園教育要領」（平成 29 年文部科学省　告示第 62 号）「第 1 章総則　第 4 指導計
画の作成と幼児理解に基づいた評価」には、幼児人一人一の発達の理解に基づいた評価の
実施に当たって配慮する事項が示されている。その内容として適切なものを、次のア〜エ
の中から一つ選んで記号で答えなさい。

 ア 幼児一人一人のよさや可能性などを把握し、指導の改善に生かすようにする。
 イ 指導の過程とは切り離して、幼児一人一人が到達した発達の姿を評価する。
 ウ 他の幼児と比較し、どの程度発達しているか把握する。
 エ 幼児一人一人の発達について、一定の基準に対する達成度についての評定によって捉える。

⑤　次の文は、「幼稚園教育要領」（平成 29 年文部科学省　告示第 62 号）「第 2 章ねらい
及び内容〈環境〉3 内容の取扱い」の文である。文中の（　　）に当てはまる語句の組合
せとして正しいものを、下のア〜エの中から一つ選んで記号で答えなさい。

 幼児が、遊びの中で周囲の環境と関わり、次第に周囲の世界に（　　）を抱き、その意
味や操作の仕方に関心をもち、（　　）に気づき、自分なりに考えることができるように
なる（　　）を大切にすること。

	①	②	③
ア	興味	物事の多様性	過程
イ	好奇心	物事の多様性	経験
ウ	興味	物事の法則性	経験
エ	好奇心	物事の法則性	過程

⑥　「幼稚園教育要領」（平成 29 年文部科学省　告示第 62 号「第 2 章ねらい及び内容　言
葉 2 内容」として示されていないものを、次のア〜エの中から一つ選んで記号で答えな
さい。

 ア 日常生活の中で、文字などで伝える楽しさを味わう。
 イ 美しい日本語に触れ、言葉を豊かにする。
 ウ 絵本や物語などに親しみ、興味をもって聞き、想像をする楽しさを味わう。
 エ したいこと、してほしいことを言葉で表現したり、分からないことを尋ねたりする。

7 次の文章は、「幼稚園教育要領」（平成29年文部科学省　告示第62号）「第2章ねらい及び内容　健康3内容の取扱い」の一部である。文章中の（　　）に当てはまる語句の組合せとして正しいものを、下のア〜エの中から一つ選んで記号で答えない。

　　自然の中で伸び伸びと体を動かして遊ぶことにより、体の諸機能の発達が促されることに留意し、幼児の興味や関心が（　　）にも向くようにすること。その際、幼児の（　　）に配慮した園庭や遊具の（　　）などを工夫すること。

	①	②	③
ア	戸外	発達	構成
イ	自然	動線	構成
ウ	自然	発達	配置
エ	戸外	動線	配置

8 『幼稚園教育要領解説』（平成30年3月文部科学省）「第2章ねらい及び内容　第3節　環境の構成と保育の展開1　環境の構成の意味」に示された記述の趣旨として適切でないものを、次のア〜エの中から一つ選んで記号で答えなさい。

ア　遊具や用具、素材などの物的環境だけでなく、友だちや教師、自然事象や社会事象、空間的条件や時間的条件、その場の雰囲気も環境を構成する重要な要素である。
イ　幼児の発達や興味関心に応じつつ、発達に必要な経験を満たす可能性をもつ環境を構成しなければならない。
ウ　幼児の活動の流れに即して，幼児が実現したいことを捉え、幼児の思いやイメージを生かしながら環境を構成していくことが大切である。
エ　幼児の主体性よりも教師の願いを最優先し、教師の立てた計画通りに環境を構成する。

9 文部科学省『幼稚園教育指導資料第1集指導計画の作成と保育の展開』（平成25年7月改訂）「第2章指導計画の作成の具体的な手順とポイント　2. 指導計画の作成のポイント(3)『ねらい』『内容』と環境の構成を考える）に示された記述として適切でないものを次のア〜エの中から一つ選んで記号で答えなさい。

ア　教師自身があらかじめ発達を見通して、この時期に何を踏まえ、何を大切にして具体的な環境を考えていったらよいのかなど、環境を構成するための発達の視点を明らかにしておくこと。
イ　教師自身が幼児を取り巻く環境に対して、いつも新鮮な目をもっていること。
ウ　幼児の生活の流れを捉え、幼児の興味や意識の流れに沿って、環境の構成を考えていくこと。

エ　幼児の主体的な活動を大切にして、教師は、幼児の興味・関心のままに遊ぶ姿を傍観すること。

⑩　次の①～④の各文は「幼保連携型認定こども園教育・保育要領　第1章総則第3幼保連携型認定こども園として特に配慮すべき事項」に示されている記述である。正しいものを選びなさい

①　満3歳未満の園児については、園児一人一人の生育歴、心身の発達、活動の実態等に即して、個別的な計画を作成すること。
②　満3歳以上の園児については、在園時間ができるだけそろうように配慮し、家庭や地域、幼保連携型認定こども園における生活の連続性を確保すること。
③　満3歳以上の園児については、集中して遊ぶ場と、集中して学ぶ場との適切な調和等の工夫をすること。
④　0歳から小学校就学前までの一貫した教育及び保育を園児の発達や学びの連続性を考慮して展開していくこと。

⑪　次の各文は、〔　　　　〕内に示されている条約及び法律の条文または条文の一部であるが、下線部については誤りが含まれているものがある。条文または条文の一部として下線部が誤っているものはどれか。1～5から一つ選べ。

1　〔障害者の権利に関する条約〕
　この条約は、全ての障害者によるあらゆる人権及び基本的自由の完全かつ平等な享有を促進し、保護し、及び確保すること並びに障害者の固有の尊厳の尊重を促進することを目的とする。
2　〔障害者基本法〕
　何人も、障害者に対して、障害を理由として、差別することその他の権利利益を侵害する行為をしてはならない。
3　〔障害を理由とする差別の解消の推進に関する法律〕
　行政機関等は、その事務又は事業を行うに当たり、障害者から現に社会的障壁の除去を必要としている旨の意思の表明があった場合において、その実施に伴う負担が過重でないときは、障害者の権利利益を侵害することとならないよう、当該障害者の性別、年齢及び障害の状態に応じて、特別な配慮をしなければならない。
4　〔障害者の日常生活及び社会生活を総合的に支援するための法律〕
　すべての国民は、その障害の有無にかかわらず、障害者等が自立した日常生活又は社会生活を営めるような地域社会の実現に協力するよう努めなければならない。
5　〔発達障害者支援法〕
　発達障害者の支援は、全ての発達障害者が社会参加の機会が確保されること及びどこで

誰と生活するかについての選択の機会が確保され、地域社会において他の人々と共生することを妨げられないことを旨として、行われなければならない。

⑫　次の各文のうち、「交流及び共同学習ガイド」（平成 31 年 3 月文部科学省）の交流及び共同学習の展開に関する記述の内容として正しいものを〇、誤っているものを × とした場合、正しい組合せはどれか。1 〜 5 から一つ選べ。

A　教職員によって交流及び共同学習に関する取組状況が異なることから、学校全体で取り組むのではなく、個々の教職員の取組に任せ、個別に活動する体制を整えることが大切です。

B　子供が主体的に活動に取り組むことができるようにするためには、活動に見通しをもたせておくことが有効です。そうすることで、障害のある子供も障害のない子供も、互いに自分から活動することができるようになります。

C　交流及び共同学習を、スポーツや文化芸術活動に関するイベントのような形で行う場合は、時間や費用の制約を最優先に考え、単発の交流や一回限りのイベントとして行えるものを計画することが大切です。

D　交流及び共同学習に関する時間だけではなく、その後の日常の学校生活においても、機会をとらえて障害者理解に係る指導を丁寧に継続することが、教育の効果を高めることにつながります。

	A	B	C	D
1	〇	〇	×	×
2	×	〇	×	〇
3	×	×	〇	×
4	×	〇	×	×
5	×	×	〇	〇

⑬　次の各文のうち、「外国人児童生徒受入れの手引 (改訂版)」(2019 年 3 月文部科学省総合教育政策局男女共同参画共生社会学習・安全課) の在籍学級担任の役割に関する記述の内容として正しいものを A 〜 E から選びなさい。

A　グローバル化が進展する中、世界中で多くの人々が国境を越えて移動しており、日本の児童生徒を含め、子供たちはすべていずれの国においても、地域や学校にしっかりと受け入れられることが重要です。

　　これは、世界の動向をしっかりと把握し、国籍にかかわりなくすべての児童生徒を大切にする視点です。

B　異文化の中で育っていく児童生徒は、言葉の問題や異文化間での価値観、習慣の違い

などについて、一人一人が課題を抱えていますが、きめ細やかな指導を個に応-じて行うよりも、児童生徒が自然に学級に溶け込む中で、徐々に解決していけるように見守る視点が必要です。

C　在籍学級の児童生徒にとって、その国籍にかかわらず、学級に新しい仲間が増えることは、大きな喜びですが、「どんな子かな」、「仲良くなれるかな」など多少の不安も抱えているものです。しかし、編入してくる児童生徒やその家族の不安はそれよりも大きいものです。学級担任の温かな姿勢としっかりと配慮した受入れ体制づくりが求められます。

D　外国人児童生徒等の受入れでは、言葉の問題がでてきます。来日したばかりの子供が、まず初めに直面する問題は、日本語が分からない、ということです。日本語指導については国語の指導と大きくは変わらないことから、学級担任や教科担任が国語の指導の中で適宜行うことが大切です。

E　受け入れる側の児童生徒の視点をプラスに変革するためには、児童生徒自身が自己を成長させること

（自己概念の拡大）と他者を認める態度を育むこと（受容的な態度の育成）、また、それらによって、学級の雰囲気をお互いの個性を認め合うものに高めていくことが求められます。学級担任として、総合的な学習の時間などを中心に、多文化共生に関する単元を組むなど、共生を軸にした取組を計画的に進めることも必要です。

⑭　次のア〜オの各文のうち、「外国人幼児等の受入れにおける配慮について」（文部科学省）に記載された内容として、正しいものを全て挙げているものはどれか。1〜5から一つ選べ。

ア　名前は個人のアイデンティティの根源なので、呼び方などを確認しましょう。例えば、本名の表記と発音について確認した上で、普段の幼稚園生活における表記や呼び方（本名又は通り名等）について保護者に確認しましょう。

イ　教師は外国人幼児等に受容的な態度で臨み、そのことをその幼児自身が感じ取れるようにすることが大切です。母語で挨拶したり、興味のある遊びを一緒に楽しんだりする中で、信頼関係を築き、幼稚園生活を楽しめるようにしましょう。

ウ　幼稚園では日本語を話さなければならないと外国人幼児等が思い込むことで、自己発揮できなくなったり、幼稚園生活に不安を感じたりすることも考えられます。母語の使用が気持ちの安定に効果的な場合もあります。外国人幼児等の気持ちを受け止めながら、無理なく自然に日本語に親しんでいけるようにすることが大切です。

エ　外国人幼児等を受け入れることは、在籍している幼児にとっても異なる習慣や行動様式をもった外国人幼児等と関わり、それを認め合う貴重な経験につながります。グローバル化が進展する中、教師自身が、互いの文化を尊重し合い、共生していくといった広い視野をもつことが大切です。

(144)

1	ア	イ		
2	ア	イ	ウ	
3	ア	イ	エ	
4	イ	ウ	エ	
5	ア	イ	ウ	エ

⑮　次の各文の内、（　　　　）内に示されている法規名と、条文または条文の一部の組合せとして誤っているものはどれか。1～5から一つ選べ。

1　〔教育基本法〕

　　義務教育として行われる普通教育は、各個人の有する能力を伸ばしつつ社会において自立的に生きる基礎を培い、また、国家及び社会の形成者として必要とされる基本的な資質を養うことを目的として行われるものとする。

2　〔学校教育法〕

　　この法律で、学校とは、幼稚園、小学校、中学校、義務教育学校、高等学校、中等教育学校、特別支援学校、大学及び高等専門学校とする。

3　〔児童福祉法〕

　　一時的若しくは恒久的にその家庭環境を奪われた児童又は児童自身の最善の利益にかんがみその家庭環境にとどまることが認められない児童は、国が与える特別の保護及び援助を受ける権利を有する。

4　〔人権教育及び人権啓発の推進に関する法律〕

　　この法律において、人権教育とは、人権尊重の精神の涵養を目的とする教育活動をいい、人権啓発とは、国民の間に人権尊重の理念を普及させ、及びそれに対する国民の理解を深めることを目的とする広報その他の啓発活動（人権教育を除く）をいう。

5　〔地方公務員法〕

　　すべて職員は、全体の奉仕者として公共の利益のために勤務し、且つ、職務の遂行に当っては、全力を挙げてこれに専念しなければならない。

〈教職に関する科目　Ⅰ〉　解答

問題番号	正答	解　説
①	ウ	キルパトリック（Kilpatrick, W. H.）は学習の過程を4段階（目的、計画、実施、評価）とし、4段階教育法を考え、学習者は課題を見出し、自主的に解決することが学習であるとした。
②	イ	ア　モンテッソーリ（1870-1952）イタリーの医師、教育者、障害児教育における感覚訓練用の教材を開発。 ウ　コメニウス（1592-1670）チェコの神学者、教育思想家、世界図絵を作成。 エ　ペスタロッチ（1746-1827）スイスの教育思想家、子どものための貧民学校、孤児教育に活躍。
③	エ	ASPは一般的に、コミュニケーションに障がいがあり、感情の共有が難しいとされている。
④	イ	幼児期にもっている理論として「心の理論」は、自己・他者の心的状態を予測可能な「理論」と呼べるものである。
⑤	ウ	教育基本法第1条（教育の目的）である。
⑥	イ	学校教育法第22条（幼稚園の目的）である。
⑦	イ	憲法第11条（基本的人権の享有）である。
⑧	ア	学校保健安全法第13条「…健康診断を行わなければならない。」とされている。
⑨	イ	障がい者から意志表示があった場合は社会的障壁を可能な限り除去する必要がある。
⑩	イ	坂元彦太郎（1904~1995）戦後の教育制度を確立した教育・保育学者
⑪	ウ	土川五郎（1871-1947）大正中期から昭和初期にかけて「幼稚園遊戯」「律動的表情遊戯」の創始者。
⑫	エ	幼稚園・保育所それぞれ常に連携し、日頃の保育活動・研修に取り組むこと。
⑬	エ	屋上に設定しなければならない場合は、事故や周辺の環境に対する配慮が必要である。
⑭	イ	教育基本法第9条からの出題。
⑮	ウ	幼稚園教育要領第1章総則　幼稚園教育の基本の3から出題。

〈教職に関する科目　Ⅱ〉　解答

問題番号	正答	解　説
①	ウ	幼稚園教育は、目的及び目標を達成するため、幼児期の特性を踏まえ、環境を通して行なうもの。
②	ウ	幼稚園教育において生きる力の基礎を育むため、幼稚園教育の基本を踏まえ、その資質・能力を一体的に育むよう務めること。
③	イ	カリキュラム・マネジメント＝学校・幼稚園の教育目標の実現のため、子どもの地域の実態を踏まえて、カリキュラムを編成すること。
④	ア	「幼児理解に基づいた評価の実施」に「指導の過程を振り返りながら幼児の理解を進め、幼児一人一人のよさや可能性などを把握し、指導の改善に生かすようにすること」とある。
⑤	エ	「他の幼児の考え方などにも触れて新しい考え方を生み出す喜びや楽しさを味わい、自分の考え方をよりよいものにしようとする気持ち」を育てていくこと。

⑥	イ	幼稚園教育要領「言葉」の内容として10項目示されている。
⑦	エ	幼稚園教育要領「健康」の「内容の取扱い」(3) からの出題。
⑧	エ	幼稚園教育にあっては、幼児の主体性を尊重することは大切なことである。
⑨	エ	幼児の主体性を尊重することと、教師の傍観する態度とは次元がことなる。
⑩	① ④	②・③は幼稚園に教育と同じであり、在園時間は同じである。
⑪	3	障害者への配慮は、個々の障害の状態に応じておこなわれるもの。
⑫	2	交流・共同学習は教職員の共通理解のもと、継続することが大切。
⑬	A C E	外国人児童生徒は、在学児童生徒にとっても成長の機会として取組を計画すること。
⑭	5	ア〜エ、外国人児童生徒受け入れについて大切な○○である。
⑮	3	児童福祉法第1条・第2条からの出題である。

————引用・参考————

「役立つ保育・教育用語集」 大阪教育図書
「幼稚園専門教養の要点と問題」 大阪教育図書
「教員試験 重点解説と最新問題⑥
　　　　　　　—幼稚園の研究—」 明治図書
「幼稚園専門教養」 協同出版
「幼稚園教員採用試験」 一ツ橋書店
「幼稚園教諭 これで合格」 有紀書房
「幼稚園教諭」 有紀書房
「教育小六法」 学陽書房
「解説 教育六法」 三省堂

編集協力者

植原	和彦	常磐会学園大学
大方	美香	大阪総合保育大学
岡本	和恵	常磐会短期大学
卜田	真一郎	常磐会短期大学
向出	佳司	常磐会学園大学
植原	清	元常磐会学園大学 （編集）

幼稚園・幼保連携型認定こども園
'23年度　教員採用試験問題200選

編　者　幼稚園採用試験研究会編
発行者　横　山　哲　彌
印刷所　株 式 会 社 共 和 印 刷

発 行 所　　大阪教育図書株式会社
〒530-0055　大阪市北区野崎町1-25　　振替　00940-1-115500
電話　06 (6361) 5936　　FAX　06 (6361) 5819
E-mail　info@osaka-kyoiku-tosho.net
http://www2.osk.3web.ne.jp/~daikyopb

（落丁・乱丁本はお取り替えいたします）　　ISBN978-4-271-53144-9 C3337